韓中日 공용한자

800자

한국 기억법의 창시자 **손 주 남** 원장 著

☞ 한자능력 검정시험 급수 표기
☞ 기본 한자 부수와 획수 수록

남양

책 머리에

같은 뿌리가 다르게 발전한 세 나라가 한국은 "옳고 그름"을 중요시 한 유교 원리주의, 중국은 이익이 우선되는 현실주의, 일본은 승자를 중시하는 3색을 기반으로 꽃피워 왔다.

오늘날 한국은 한자의 원형을 그대로 쓰고 있지만, 일본은 약체자(略体字)를 중국은 대폭 간략화한 간체자(简体字)를 사용함으로써 불편을 겪고 있다.

무엇보다도 동북아지역 국가간 인적, 경제적 교류가 다양해지고 협력과 공존이 절실해져 한자의 중요성을 알리고 3국의 소통불편에 상호간 겹치는 상용한자를 800개 도출하기에 이르러 본 서를 발간하게 되었다.

세계적으로 한자문화권에서 한자사용 인구가 영어 사용 인구보다 많고 한자를 아시아의 싱킹툴(Thinking tool ; 사고의 도구)로 영어의 알파벳 같은 문화권을 선언 한 것이다.

특히 실용한자로 한중일 3국이 실제 자주사용하는 글자를 선별, 젊은이들이 널리 사용하는데 불편이 없게 편집하였다.

앞으로 아이콘의 시대다. 인터넷 상에서 영어가 많이 사용되지만 각국 국제공항에 '아웃(Out)' '인(In)' 식의 영어 뿐만아니라 '출(出)' '입(入)' 하는 식의 한자로도 표기하고 있다.

아울러 앞으로 영어 못지않게 한자의 중요성이 인정되어 미래의 문화자원, 문화자본이 되어 젊은이 들이 널리 사용하여 소통에 불편이 없기를 바라며, 잘못된 부분은 보완, 수정하여 일상생활에 도움이 되고자 합니다.

차 례

漢字 필순(筆順)의 기본 원칙 [1] ··· 7

漢字 필순(筆順)의 기본 원칙 [2] ··· 8

漢字 육서(六書)의 원리 [1] ··· 9

漢字 육서(六書)의 원리 [2] ··· 10

한자 부수의 위치와 명칭 ·· 11

기본 漢字 부수와 명칭 [1] ·· 12

기본 漢字 부수와 명칭 [2] ·· 13

기본 漢字 부수와 명칭 [3] ·· 14

한중일 공용한자 800자 ··· 15

찾아보기 ··· 216

漢字 필순(筆順)의 기본 원칙 [1]

한자 쓰기의 바른 순서
- 한자에서 점 또는 선을 한 획이라고 한다.
- 한 글자를 쓸 때 모두 몇 획으로 짜여 있는가를 획수라 한다.
- 한 글자를 형성하여 가는 순서를 필순이라고 한다.
- 바른 필순에 따라 쓸 때 글자는 균형 잡히고 아름다운 글자 모양이 이루어지게 된다.

① 위에서 아래로 쓴다.

| 예 | 言(말씀 언) | 三(석 삼) | 工(장인 공) |

② 왼쪽에서 오른쪽으로 쓴다.

| 예 | 外(바깥 외) | 川(내 천) | 休(쉴 휴) |

③ 가로획과 세로획이 만날 때는 가로획을 먼저 쓴다.

| 예 | 木(나무 목) | 春(봄 춘) | 十(열 십) |

④ 몸을 안보다 먼저 쓴다.

| 예 | 同(한가지 동) | 内(안 내) | 月(달 월) |

⑤ 바깥부분을 먼저 쓴다.

| 예 | 火(불 화) | 性(성품 성) | 間(사이 간) |

漢字 필순(筆順)의 기본 원칙 [2]

⑥ 좌우가 대칭될 때 가운데를 먼저 쓴 다음에 좌우 순으로 쓴다.

| 예 | 水(물 수)   小(작을 소)   赤(붉을 적) |

⑦ 삐침 별(﹀)과 파임 불(﹨)이 만날 때는 삐침을 먼저 쓴다.

| 예 | 父(아비 부)   人(사람 인)   文(글월 문) |

⑧ 가운데를 꿰뚫는 획은 나중에 긋는다.

| 예 | 中(가운데 중)   手(손 수)   平(평평할 평) |

⑨ 가로획보다 삐침을 짧게 써야 모양이 나는 것은 삐침을 먼저 쓴다.

| 예 | 右(오른 우)   有(있을 유)   布(베 포) |

⑩ 삐침을 가로획보다 길게 써야 모양이 나는 것은 가로획을 먼저 쓴다.

| 예 | 左(왼 자)   友(벗 우)   在(있을 재) |

⑪ 허리를 긋는 획은 나중에 긋는다.

| 예 | 女(계집 녀)   母(어미 모)   子(아들 자) |

⑫ 오른쪽 위의 점 주(﹅)는 맨 나중에 찍는다.

| 예 | 成(이룰 성)   犬(개 견)   求(구할 구) |

漢字 육서(六書)의 원리[1]

- 한자는 모양, 소리, 뜻 3가지 요소로 만들어졌다.
- 한자가 만들어지는 원리, 원칙을 육서(六書)라 한다.

[예] : 모양 … 一 한 일
설명 : [訓 : 훈] … 한(하나)뜻이고, 소리[音 : 음] … (일)이 됨.

1 상형문자(象形文字)
   자연이나 물체의 모양을 본떠서 만든 글자.

   예 : 山(메 산)   川(내 천)   日(날 일)

2 지사문자(指事文字)
   생각이나 뜻 등 추상적인 개념을 선이나 점으로 나타낸 글자.

   예 : 上(위 상)   下(아래 하)   本(근본 본)

3 회의문자(會意文字)
   위의 상형문자나 지사 문자 등 이미 만들어진 두글자 이상을 합하여 만든 글자.

   예 : 日(날 일) + 月(달 월) = 明(밝을 명)
        木(나무 목) + 木(나무 목) = 林(수풀 림)

漢字 육서(六書)의 원리[2]

- 한자는 모양, 소리, 뜻 3가지 요소로 만들어졌다.
- 한자가 만들어지는 원리, 원칙을 육서(六書)라 한다.

4 형성문자(形聲文字)
　　뜻을 나타내는 부분과 음(音)을 나타내는 부분으로 결합하여 만들어진 글자.

　　예 : 木(나무 목) + 寸(마디 촌) = 村(마을 촌)

5 가차문자(假借文字)
　　글자의 뜻에 상관없이 음만 빌려서 쓰는 문자.

　　예 : Asia　→　아세아(亞細亞)
　　　　France　→　프랑스(佛蘭西/불란서)

6 전주문자(轉注文字)
　　하나의 글자가 쓰임에 따라 훈과 음이 다르게 쓰이는 문자

　　예 : 樂 1. 즐길 락　→　娛樂(오락) : 재미있게 놀아서 기분을 즐겁게 하는 일
　　　　　 2. 노래 악　→　音樂(음악) : 성악과 기악의 예술.
　　　　　 3. 좋아할 요　→　樂山樂水(요산요수) : 산수경치를 좋아함.

　　　　 更 1. 고칠 경　→　更新(경신) : 옛것을 고쳐 새롭게 함
　　　　　 2. 다시 경　→　更生(갱생) : 다시 살아남

　　　　 降 1. 다시 강　→　降雨(강우) : 비가 내림
　　　　　 2. 항복할 항　→　降伏(항복) : 힘에 눌러서 적에게 굴복함

한자 부수의 위치와 명칭

- 부수는 자전(字典)에서 찾기에 기준이 되며, 글자의 뜻에 영향을 준다.
- 부수는 모두 214자가 있으며 한자의 부수가 글자 중의 어느 부분에 있는가에 따라 다음과 같이 분류한다
- 부수 글자 중에는 독립된 한 자가 그대로 부수인 글자도 있다.

번호	명칭	부수	부수 위치	보기	
1	변	氵	왼쪽에 위치	江	훈음 : 강 강 부수 : 氵(삼수변) 원부수 : 水(물 수)
2	방	刂	오른쪽에 위치	利	훈음 : 이할 리 부수 : 刂(선칼도방) 원부수 : 刀(칼 도)
3	머리	宀	위쪽에 위치	安	훈음 : 편안할 안 부수 : 宀(갓머리) 원부수 : 집 면
4	발	灬	아래부분에 위치	無	훈음 : 없을 무 부수 : 灬(연화발) 원부수 : 火(불 화)
5	엄호 (=엄)	广	위쪽(머리)+외쪽(변)	庭	훈음 : 뜰 정 부수 : 广(집 엄)
6	받침	辶	왼쪽(변)+아래쪽(발)	道	훈음 : 길 도 부수 : 辶(책받침) 원부수 : 辵(쉬엄쉬엄갈 착)
7	몸	囗	바깥둘레를 에워쌈	國	훈음 : 나라 국 부수 : 囗(큰입구몸) 나라 국/에울 위
		行	왼쪽(변)+오른쪽(방)	街	훈음 : 거리 가 부수 : 行(다닐 행)
		門	위쪽+왼쪽+오른쪽	間	훈음 : 사이 간 부수 : 門(문 문)
		匚	위쪽+왼쪽+아래쪽	區	훈음 : 구분할 구/지경 구 부수 : 匚(감출 혜)
8	제부수		전체 부분이 부수로 쓰이는 글자	入, 土, 舟, 龍	

기본 漢字 부수와 명칭 [1]

부수	명칭	부수	명칭	부수	명칭
	1획	厂	언덕 한	廴	끌 인
一	한 일	厶	사사 사	廾	받들 공
丨	뚫을 곤	又	또 우	弋	주살 익
丶	점 주		3획	弓	활 궁
丿	삐침 별	口	입 구	크(彑)	돼지머리 계
乙	새 을	囗	나라 국(에울 위)	彡	터럭 삼
亅	갈고리 궐	土	흙 토	彳	걸을 척
	2획	士	선비 사		4획
二	두 이	夂	뒤져올 치	心(忄,㣺)	마음 심
亠	머리부분 두	夊	천천히걸을 쇠	戈	창 과
人(亻)	사람 인	夕	저녁 석	戶	지게 호
儿	어진사람 인	大	큰 대	手(扌)	손 수
入	들 입	女	계집 녀	支	지탱할 지
八	여덟 팔	子	아들 자	攴(攵)	칠 복
冂	멀 경	宀	집 면	文	글월 문
冖	덮을 멱	寸	마디 촌	斗	말 두
冫	얼음 빙	小	작을 소	斤	도끼 근
几	안석 궤	尢	절음발이 왕	方	모 방
凵	입벌릴 감	尸	주검 시	无(旡)	없을 무
刀(刂)	칼 도	屮	싹날 철(왼손 좌)	日	날 일
力	힘 력	山	뫼 산	曰	가로 왈
勹	쌀 포	川(巛)	내 천	月	달 월
匕	비수 비	工	장인 공	木	나무 목
匚	상자 방	己	몸 기	欠	하품 흠
匸	감출 혜	巾	수건 건	止	그칠 지
十	열 십	干	방패 간	歹(歺)	살발린뼈 알
卜	점 복	幺	작을 요	殳	창 수
卩(㔾)	병부 절	广	집 엄	毋	말 무

기본 漢字 부수와 명칭 [2]

부수	명칭	부수	명칭	부수	명칭
比	견줄 비	皮	가죽 피	至	이를 지
毛	털 모	皿	그릇 명	臼	절구 구
氏	각시 씨(성 씨)	目	눈 목	舌	혀 설
气	기운 기	矛	창 모	舛	어그러질 천
水(氵,氺)	물 수	矢	화살 시	舟	배 주
火(灬)	불 화	石	돌 석	艮	괘이름 간
爪(爫)	손톱 조	示(礻)	보일 시	色	빛 색
父	아비 부	内	발자국 유	艸(艹)	풀 초
爻	점괘 효	禾	벼 화	虍	범 호
爿	나무조각 장	穴	구멍 혈	虫	벌레 충(훼)
片	조각 편	立	설 립	血	피 혈
牙	어금니 아		6획	行	다닐 행
牛	소 우	竹	대 죽	衣(衤)	옷 의
犬(犭)	개 견	米	쌀 미	襾(西,覀)	덮을 아
	5획	糸	실 사		7획
玄	검을 현	缶	장군 부	見	볼 견
玉(王)	구슬 옥	网(罒,宀,罓)	그물 망	角	뿔 각
瓜	외 과	羊	양 양	言	말씀 언
瓦	기와 와	羽	깃 우	谷	골 곡
甘	달 감	老(耂)	늙을 로	豆	콩 두
生	날 생	而	말이을 이	豕	돼지 시
用	쓸 용	耒	쟁기 뢰	豸	발없는벌레 치
田	밭 전	耳	귀 이	貝	조개 패
疋	필 필(발 소)	聿	붓 율	赤	붉을 적
疒	병들어기댈 녁	肉(月)	고기 육(육달 월)	走	달릴 주
癶	필 발	臣	신하 신	足	발 족
白	흰 백	自	스스로 자	身	몸 신

13

기본 漢字 부수와 명칭 [3]

부수	명칭	부수	명칭	부수	명칭
車	수레 차(거)	食	밥 식	鼓	북 고
辛	매울 신	首	머리 수	鼠	쥐 서
辰	별 진(날 신)	香	향기 향	14획	
辵(辶)	쉬엄쉬엄갈 착	10획		鼻	코 비
邑(阝)	고을 읍	馬	말 마	齊	가지런할 제
酉	닭 유	骨	뼈 골	15획	
釆	분별할 변	高	높을 고	齒	이 치
里	마을 리	髟	긴털드리울 표	16획	
8획		鬥(鬪)	싸움 투(두)	龍	용 룡
金	쇠 금(성 김)	鬯	울창주(향풀) 창	龜	거북 구(귀), (균)
長	긴 장	鬲	다리굽은솥 력	17획	
門	문 문	鬼	귀신 귀	龠	피리 약
阜(阝)	언덕 부	11획			
隶	밑 이	魚	물고기 어		
隹	새 추	鳥	새 조		
雨	비 우	鹵	소금밭 로		
靑	푸를 청	鹿	사슴 록		
非	아닐 비	麥	보리 맥		
9획		麻	삼 마		
面	얼굴(낯) 면	12획			
革	가죽 혁	黃	누를 황		
韋	가죽 위	黍	기장 서		
韭	부추 구	黑	검을 흑		
音	소리 음	黹	바느질할 치		
頁	머리 혈	13획			
風	바람 풍	黽	맹꽁이 맹(민)		
飛	날 비	鼎	솥 정		

한중일 공용한자 800자

	한국	중국 번체자	중국 간체자	일본 약자
1	一 한 일	一 ㅣ(이)	一 yī(이)	一 いち(이치)
	一 •부수 一 •총 1획 •급수 8급			
				第一(제일) : 여럿 가운데 으뜸 一旦(일단) : 우선 먼저
2	乙 새 을	乙 ㅣˇ(이)	乙 yī(이)	乙 おつ(오츠)
	乙 •부수 乙 •총 1획 •급수 준3급			
				甲乙(갑을) : 우열을 가릴 때 첫째와 둘째 乙亥(을해) : 육십갑자의 열두째
3	人 사람 인	人 ㅁㅕˊ(런)	人 rén(런)	人 にん(진)
	ノ 人 •부수 人 •총 2획 •급수 8급			
				人心(인심) : 사람의 마음 詩人(시인) : 시를 짓는 사람
4	十 열 십	十 ㄕˊ(스)	十 shí(스)	十 じゅう(주우)
	一 十 •부수 十 •총 2획 •급수 8급			
				貳十(이십) : 열의 두 배. 十分(십분) : 부족(不足)함 없이

한국	중국 번체자	중국 간체자	일본 약자
二	二	二	二
두 이	ㄦˋ(얼)	èr(얼)	に(니)

一 二 • 부수 二(두 이) • 총획수 2획 • 급수 8급

二月(이월) : 한 해의 둘째 달
二重(이중) : 두 겹

又	又	又	又
또 우	ㄧㄡˋ(유)	yòu(유)	ゆう(유우)

フ又 • 부수 又(또 우) • 총획수 2획 • 급수 3급

又重之(우중지) : 더욱이
又況(우황) : 하물며

力	力	力	力
힘 력	ㄌㄧˋ(리)	lì(리)	りき(리키)

フ力 • 부수 力(힘 력) • 총획수 2획 • 급수 7급

能力(능력) : 어떤 일을 해낼 수 있는 힘
兵力(병력) : 군대의 힘

九	九	九	九
아홉 구	ㄐㄧㄡˇ(주)	jiǔ(주)	きゅう(규우)

乙九 • 부수 九(아홉 구) • 총획수 2획 • 급수 8급

九十(구십) : '십'의 아홉 배가 되는 수
九天(구천) : 하늘의 가장 높은 곳

	한국	중국 번체자	중국 간체자	일본 약자
9	八	八	八	八
	여덟 팔	ㄅㄚ(바)	bā(바)	はち(하치)
	ノ八 •부수 八 •총 2획 •급수 8급			
				八旬(팔순): 여든 살 八字(팔자): 사람의 타고난 운수나 분수
10	七	七	七	七
	일곱 칠	ㄑㄧ(치)	qī(치)	しち(시치)
	一七 •부수 一 •총 2획 •급수 8급			
				七十(칠십): '십'의 일곱 배가 되는 수 七夕(칠석): 음력 칠월 초이렛날
11	入	入	入	入
	들 입	ㄖㄨˋ(루)	rù(루)	にゅう(뉴우)
	ノ入 •부수 入 •총 2획 •급수 7급			
				輸入(수입): 외국의 물품을 사들임 入口(입구): 들어가는 어귀
12	刀	刀	刀	刀
	칼 도	ㄉㄠ(다오)	dāo(다오)	とう(도우)
	フ刀 •부수 刀 •총 2획 •급수 3급Ⅱ			
				果刀(과도): 과일을 깎는 칼 竹刀(죽도): 검도에서 쓰는 도구

	한국	중국 번체자	중국 간체자	일본 약자
17	小 작을 소	小 ㄒㄧㄠˇ(사오)	小 xiǎo(사오)	小 しょう(쇼우)
	㇒ 亅 小 •부수 小 •총 3획 •급수 8급			
	小 小 小 小	小型(소형) : 규격이나 규모가 작은 것 最小(최소) : 가장 작음		

	한국	중국 번체자	중국 간체자	일본 약자
18	下 아래 하	下 ㄒㄧㄚˋ(샤)	下 xià(샤)	下 か(가)
	一 丅 下 •부수 一 •총 3획 •급수 7급			
	下 下 下 下	地下(지하) : 땅의 속 天下(천하) : 하늘 아래 온 세상		

	한국	중국 번체자	중국 간체자	일본 약자
19	工 장인 공	工 ㄍㄨㄥ(궁)	工 gōng(궁)	工 こう(고우)
	一 丁 工 •부수 工 •총 3획 •급수 7급			
	工 工 工 工	工程(공정) : 작업이나 제조 과정 職工(직공) : 공장에서 일하는 사람		

	한국	중국 번체자	중국 간체자	일본 약자
20	三 석 삼	三 ㄙㄢ(싼)	三 sān(싼)	三 さん(산)
	一 二 三 •부수 一 •총 3획 •급수 8급			
	三 三 三 三	三角(삼각) : 세모꼴에서 세 개의 모 三十(삼십) : '십'의 세 배가 되는 수		

	한국	중국 번체자	중국 간체자	일본 약자
25	已 이미 기	已 ㅣˇ(이)	已 yǐ(이)	已 い(이)
	ㅣ ㄥ 已 • 부수 已 • 총 3획 • 급수 3급Ⅱ			
	已 已 已 已			旣已(기이) : 일정한 시간보다 앞서 已決(기결) : 이미 결정함
26	及 미칠 급	及 ㄐㄧˊ(지)	及 jí(지)	及 きゅう(규우)
	ノ 乃 乃 及 • 부수 又 • 총 4획 • 급수 3급Ⅱ			
	及 及 及 及			言及(언급) : 어떤 문제에 대하여 말함 及第(급제) : 시험에 합격함
27	才 재주 재	才 ㄘㄞˊ(차이)	才 cái(차이)	才 さい(사이)
	一 十 才 • 부수 才 • 총 3획 • 급수 6급			
	才 才 才 才			人才(인재) : 재주와 능력이 뛰어난 사람 才氣(재기) : 재주가 있는 기질
28	千 일천 천	千 ㄑㄧㄢ(첸)	千 qiān(첸)	千 せん(센)
	ノ 二 千 • 부수 十 • 총 3획 • 급수 7급			
	千 千 千 千			千軍(천군) : 많은 군사 千古(천고) : 아주 오랜 세월

	한국	중국 번체자	중국 간체자	일본 약자
33	亡 망할 망	亡 ㄨㄤˊ(왕)	亡 wáng(왕)	亡 ぼう(보우)
	丶亠亡 • 부수 亠 • 총 3획 • 급수 5급			
			逃亡(도망): 피하거나 쫓기어 달아남 死亡(사망): 사람의 목숨이 끊어짐		

	한국	중국 번체자	중국 간체자	일본 약자
34	寸 마디 촌	寸 ㄘㄨㄣˋ(춘)	寸 cùn(춘)	寸 すん(슨)
	一十寸 • 부수 寸 • 총 3획 • 급수 8급			
			寸刻(촌각): 매우 짧은 시간 寸陰(촌음): 아주 짧은 시각		

	한국	중국 번체자	중국 간체자	일본 약자
35	川 내 천	川 ㄔㄨㄢ(찬)	川 chuān(찬)	川 せん(센)
	丿丿丨川 • 부수 川 • 총 3획 • 급수 7급			
			川邊(천변): 냇물의 가장자리 川獵(천렵): 냇물에서 고기를 잡음		

	한국	중국 번체자	중국 간체자	일본 약자
36	弓 활 궁	弓 ㄍㄨㄥ(궁)	弓 gōng(궁)	弓 きゅう(규우)
	㇇㇇弓 • 부수 弓 • 총 3획 • 급수 3급Ⅱ			
			洋弓(양궁): 서양식 활 國弓(국궁): 우리나라 고유의 활		

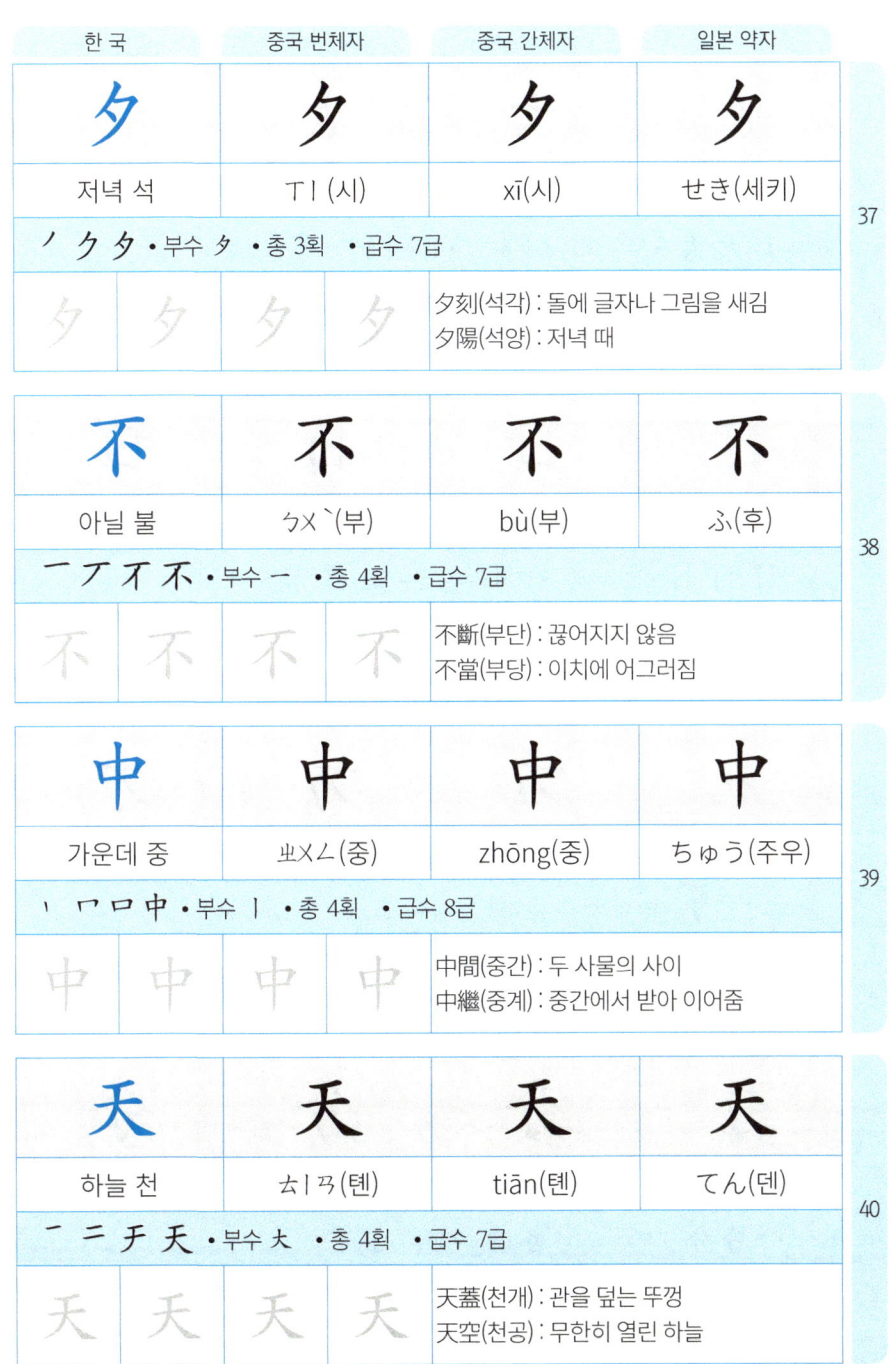

	한국	중국 번체자	중국 간체자	일본 약자
41	太 클 태 一ナ大太 •부수 大 •총 4획 •급수 6급	太 ㄊㄞˋ(타이)	太 tài(타이)	太 たい(다이)
	太 太 太 太		太半(태반): 절반을 훨씬 넘음 凍太(동태): 얼린 명태	
42	日 날 일 丨冂月日 •부수 日 •총 4획 •급수 8급	日 ㄖˋ(르)	日 rì(르)	日 にち(니치)
	日 日 日 日		來日(내일): 오늘의 바로 다음날 日程(일정): 그날에 할 일	
43	方 모 방 丶亠亍方 •부수 方 •총 4획 •급수 7급	方 ㄈㄤ(팡)	方 fāng(팡)	方 ほう(호우)
	方 方 方 方		方向(방향): 어떤 곳을 향한 쪽 北方(북방): 북쪽 지방	
44	分 나눌 분 丿八今分 •부수 刀 •총 4획 •급수 6급	分 ㄈㄣ(펀)	分 fēn(펀)	分 ぶん(분)
	分 分 分 分		分類(분류): 사물을 종류에 따라 가름 分明(분명): 어긋남이 없이 확실하게	

한국	중국 번체자	중국 간체자	일본 약자
五	五	五	五
다섯 오	ㄨˇ(우)	wǔ(우)	ご(고)

一 丅 亐 五 • 부수 二 • 총 4획 • 급수 8급

| 五 | 五 | 五 | 五 | 五感(오감) : 피부의 다섯 가지 감각
五更(오경) : 밤을 다섯으로 나눈 칭호 |

한국	중국 번체자	중국 간체자	일본 약자
心	心	心	心
마음 심	ㄒㄧㄣ(신)	xīn(신)	しん(신)

丶 心 心 心 • 부수 心 • 총 4획 • 급수 7급

| 心 | 心 | 心 | 心 | 心境(심경) : 마음의 상태
心悸(심계) : 심장의 고동 |

水	水	水	水
물 수	ㄕㄨㄟˇ(수이)	shuǐ(수이)	すい(스이)

亅 亅 水 水 • 부수 水 • 총 4획 • 급수 8급

| 水 | 水 | 水 | 水 | 水路(수로) : 뱃길. 물길. 항로
水陸(수륙) : 물과 뭍. 수로와 육로 |

月	月	月	月
달 월	ㄩㄝˋ(웨)	yuè(웨)	がつ(가츠)

丿 刀 月 月 • 부수 月 • 총 4획 • 급수 8급

| 月 | 月 | 月 | 月 | 月給(월급) : 다달이 받는 급료
月賦(월부) : 빚을 다달이 갚아 가는 일 |

	한국	중국 번체자	중국 간체자	일본 약자
49	化 될 화	化 ㄏㄨㄚˋ(화)	化 huà(화)	化 か(가)
	ノ 亻 仁 化 • 부수 匕 • 총 4획 • 급수 5급			
			强化(강화) : 수준이나 정도를 더 높임 惡化(악화) : 증세가 나빠짐		
50	比 견줄 비	比 ㄅㄧˇ(비)	比 bǐ(비)	比 ひ(히)
	一 ト 比 比 • 부수 比 • 총 4획 • 급수 5급			
			比較(비교) : 우열을 살핌 比重(비중) : 비교되는 중요성의 정도		
51	公 공변될 공	公 ㄍㄨㄥ(궁)	公 gōng(궁)	公 こう(고우)
	ノ 八 公 公 • 부수 八 • 총 4획 • 급수 6급			
			公益(공익) : 사회 전체의 이익 公論(공론) : 여럿이 함께 의논함		
52	內 안 내	內 ㄋㄟˋ(네이)	內 nèi(네이)	內 ない(나이)
	丨 冂 内 內 • 부수 入 • 총 4획 • 급수 7급			
			市內(시내) : 도시의 중심가 國內(국내) : 나라의 안		

	한국	중국 번체자	중국 간체자	일본 약자
57	少 작을 소	少 ㄕㄠˇ(사오)	少 xiǎo(사오)	少 しょう(쇼우)
	丨 ⺊ 小 少 •부수 小 •총 4획 •급수 7급			
	少 少 少 少	少數(소수) : 적은 수효 少量(소량) : 적은 분량		
58	文 글월 문	文 ㄨㄣˊ(원)	文 wén(원)	文 ぶん(분)
	丶 一 ナ 文 •부수 文 •총 4획 •급수 7급			
	文 文 文 文	文句(문구) : 글을 이루고 있는 구절 文人(문인) : 문예에 종사하는 사람		
59	夫 지아비 부	夫 ㄈㄨ(푸)	夫 fū(푸)	夫 ふ(후)
	一 二 ナ 夫 •부수 大 •총 4획 •급수 7급			
	夫 夫 夫 夫	夫婦(부부) : 결혼한 한 쌍의 남녀 農夫(농부) : 농사를 짓는 사람		
60	火 불 화	火 ㄏㄨㄛˇ(훠)	火 huǒ(훠)	火 か(가)
	丶 ⺌ ⺍ 火 •부수 火 •총 4획 •급수 8급			
	火 火 火 火	火災(화재) : 불이 나는 재앙 成火(성화) : 매우 귀찮게 졸라 댐		

한국	중국 번체자	중국 간체자	일본 약자	
元	元	元	元	
으뜸 원	ㄩㄢˊ(위안)	yuán(위안)	がん(간)	61
一 二 テ 元 • 부수 儿 • 총 4획 • 급수 5급			
元 元 元 元			元年(원년): 임금이 즉위한 첫 해 元來(원래): 본디	

한국	중국 번체자	중국 간체자	일본 약자	
毛	毛	毛	毛	
털 모	ㄇㄠˊ(마오)	máo(마오)	もう(모우)	62
一 二 三 毛 • 부수 毛 • 총 4획 • 급수 4급Ⅱ			
毛 毛 毛 毛			毛髮(모발): 사람의 머리털 毛織(모직): 털실로 짜서 만든 피륙	

한국	중국 번체자	중국 간체자	일본 약자	
王	王	王	王	
임금 왕	ㄨㄤˊ(왕)	wáng(왕)	おう(오우)	63
一 二 干 王 • 부수 王 • 총 4획 • 급수 8급			
王 王 王 王			王家(왕가): 임금의 집안 王考(왕고): 죽은 할아버지	

한국	중국 번체자	중국 간체자	일본 약자	
友	友	友	友	
벗 우	ㄧㄡˇ(유)	yǒu(유)	ゆう(유우)	64
一 ナ 方 友 • 부수 又 • 총 4획 • 급수 5급			
友 友 友 友			友誼(우의): 벗 사이의 정의 舊友(구우): 전부터 아는 친구	

	한국	중국 번체자	중국 간체자	일본 약자
65	支 지탱할 지	支 ㅛ(즈)	支 zhī(즈)	支 し(시)
	一 十 步 支 •부수 又 •총 4획 •급수 5급			
	支 支 支 支			支援(지원) : 지지하여 도움 支拂(지불) : 돈을 내어 줌

	한국	중국 번체자	중국 간체자	일본 약자
66	片 조각 편	片 ㄆㄧㄢˋ(피엔)	片 piàn(피엔)	片 へん(헨)
	ノ ノ' ノ'' 片 •부수 片 •총 4획 •급수 3급Ⅱ			
	片 片 片 片			破片(파편) : 부서지거나 깨어진 조각 片刻(편각) : 아주 짧은 시간

	한국	중국 번체자	중국 간체자	일본 약자
67	木 나무 목	木 ㄇㄨˋ(무)	木 mù(무)	木 もく(모쿠)
	一 十 才 木 •부수 木 •총 4획 •급수 8급			
	木 木 木 木			木材(목재) : 나무로 된 재료 巨木(거목) : 굵고 큰 나무

	한국	중국 번체자	중국 간체자	일본 약자
68	引 끌 인	引 ㄧㄣˇ(인)	引 yǐn(인)	引 いん(인)
	' '' 弓 引 •부수 弓 •총 4획 •급수 4급Ⅱ			
	引 引 引 引			牽引(견인) : 원하는 방향으로 끌어당김 引渡(인도) : 물건이나 권리 따위를 넘겨줌

한국	중국 번체자	중국 간체자	일본 약자	
丹	丹	丹	丹	77
붉을 난(단)	ㄉㄢ(단)	dān(단)	たん(단)	
ノ 刀 月 丹 ・부수 丶 ・총 4획 ・급수 3급Ⅱ				
丹 丹 丹 丹		丹心(단심): 참된 마음 丹粧(단장): 화장		
仁	仁	仁	仁	78
어질 인	ㅁㄣˊ(런)	rén(런)	じん(진)	
ノ 亻 仁 ・부수 人 ・총 4획 ・급수 4급				
仁 仁 仁 仁		仁德(인덕): 인정이 깊은 지선의 덕 仁道(인도): 사람이 지켜야 할 도리		
凶	凶	凶	凶	79
흉할 흉	ㄒㄩㄥ(슝)	xiōng(슝)	きょう(교우)	
ノ ㄨ ㄨ 凶 ・부수 ㄩ ・총 4획 ・급수 5급				
凶 凶 凶 凶		凶桀(흉걸): 흉악하고 횡포함 凶計(흉계): 흉악한 꾀		
匹	匹	匹	匹	80
짝 필	ㄆㄧˇ(피)	pǐ(피)	ひつ(히츠)	
一 ㄏ 兀 匹 ・부수 匚 ・총 4획 ・급수 3급				
匹 匹 匹 匹		匹婦(필부): 한 사람의 계집 匹夫(필부): 한 사람의 남자		

	한국	중국 번체자	중국 간체자	일본 약자
81	犬 개 견	犬 ㄑㄩㄢˇ(취안)	犬 quǎn(취안)	犬 けん(겐)
	一 ナ 大 犬 • 부수 犬 • 총 4획 • 급수 4급			
			愛犬(애견) : 개를 사랑함 忠犬(충견) : 주인에게 충실한 개		

	한국	중국 번체자	중국 간체자	일본 약자
82	他 다를 타	他 ㄊㄚ(타)	他 tā(타)	他 た(다)
	ノ 亻 亻 仲 他 • 부수 人 • 총 5획 • 급수 5급			
			其他(기타) : 그 외에 또 다른 것 餘他(여타) : 나머지 다른 것		

	한국	중국 번체자	중국 간체자	일본 약자
83	以 써 이	以 ㄧˇ(이)	以 yǐ(이)	以 い(이)
	丨 レ レ 以 以 • 부수 人 • 총 5획 • 급수 5급			
			以前(이전) : 그 시점보다 앞선 때 以內(이내) : 일정한 한도의 안		

	한국	중국 번체자	중국 간체자	일본 약자
84	可 옳을 가	可 ㄎㄜˇ(커)	可 kě(커)	可 か(가)
	一 丆 丆 可 可 • 부수 口 • 총 5획 • 급수 5급			
			可能(가능) : 해낼 수 있음 不可能(불가능) : 실현해낼 수 없음		

한국	중국 번체자	중국 간체자	일본 약자	
生	生	生	生	
날 생	ㄕㄥ(셩)	shēng(성)	せい(세이)	85
ノ ㅑ ㅑ 牛 生 • 부수 生 • 총 5획 • 급수 8급			
生	生	生	生	
	生家(생가) : 본생가(本生家)의 약어 學生(학생) : 배우는 사람		
出	出	出	出	
날 출	ㄔㄨ(추)	chū(추)	しゅつ(슈츠)	86
ㄴ ㄴ 屮 出 出 • 부수 凵 • 총 5획 • 급수 7급			
出	出	出	出	
	出嫁(출가) : 처녀가 시집을 감 出刊(출간) : 출판(出版)		
主	主	主	主	
주인 주	ㄓㄨˇ(쥬)	zhǔ(주)	しゅ(슈)	87
` ㅗ ㅗ 主 主 • 부수 丶 • 총 5획 • 급수 7급			
主	主	主	主	
	主幹(주간) : 어떤 일을 주장하여 처리함 主客(주객) : 주인과 손님		
用	用	用	用	
쓸 용	ㄩㄥˋ(융)	yòng(융)	よう(요우)	88
ノ 冂 冃 月 用 • 부수 用 • 총 5획 • 급수 6급			
用	用	用	用	
	用件(용건) : 볼 일. 用器(용기) : 기구를 사용함		

	한국	중국 번체자	중국 간체자	일본 약자
89	去 갈 거 一 + 土 去 去 ・부수 厶 ・총 5획 ・급수 5급	去 ㄑㄩˋ(큐)	去 qù(취)	去 きょ(교)
	去 去	去 去	過去(과거) : 지나간 일이나 때 收去(수거) : 다 쓴 물건 따위를 거두어 감	
90	民 백성 민 フ ㄱ ㄹ ㄹ 民 ・부수 民 ・총 5획 ・급수 8급	民 ㄇㄧㄣˊ(민)	民 mín(민)	民 みん(민)
	民 民	民 民	市民(시민) : 시에 사는 사람 住民(주민) : 일정한 지역에 사는 사람	
91	本 근본 본 一 十 才 木 本 ・부수 木 ・총 5획 ・급수 6급	本 ㄅㄣˇ(번)	本 běn(번)	本 ほん(혼)
	本 本	本 本	本人(본인) : 어떤 일의 주체인 그 사람 本國(본국) : 자기의 국적이 있는 나라	
92	外 바깥 외 ノ ク タ 外 外 ・부수 夕 ・총 5획 ・급수 8급	外 ㄨㄞˋ(와이)	外 wài(와이)	外 がい(가이)
	外 外	外 外	外國(외국) : 자기 나라가 아닌 다른 나라 外貌(외모) : 겉으로 나타난 모습	

한국	중국 번체자	중국 간체자	일본 약자	
加	加	加	加	
더할 가	ㄐㄧㄚ(자)	jiā(자)	か(가)	93
ㄱ 力 加 加 加 • 부수 力 • 총 5획 • 급수 5급				
加 加 加 加		加減(가감) : 보탬과 뺌 加工品(가공품) : 가공하여 만들 물건		
四	四	四	四	
넉 사	ㄙˋ(쓰)	sì(쓰)	し(시)	94
ㅣ ㄇ ㄲ 四 四 • 부수 口 • 총 5획 • 급수 8급				
四 四 四 四		四角(사각) : 네 개의 각 四圍(사위) : 사방의 둘레		
正	正	正	正	
바를 정	ㅛㄥˋ(정)	zhèng(정)	せい(세이)	95
一 T F 下 正 正 • 부수 止 • 총 5획 • 급수 7급				
正 正 正 正		正月(정월) : 일년 중의 첫째 달 正直(정직) : 마음이 바르고 곧음		
由	由	由	由	
말미암을 유	ㄧㄡˊ(유)	yóu(유)	ゆ(유)	96
ㅣ ㄇ 日 由 由 • 부수 田 • 총 5획 • 급수 6급				
由 由 由 由		由來(유래) : 지금까지. 이 때까지 由緒(유서) : 전재하여 온 유래		

	한국	중국 번체자	중국 간체자	일본 약자
97	平 평평할 평	平 ㄆㄧㄥˊ(핑)	平 píng(핑)	平 へい(헤이)
	一 一 厂 厷 平 •부수 干 •총 5획 •급수 7급			
	平 平 平 平		平和(평화) : 평온하고 화목함 平素(평소) : 보통의 때나 여느 때	
98	代 대신할 대	代 ㄉㄞˋ(다이)	代 dài(다이)	代 だい(다이)
	ノ 亻 仁 代 代 •부수 人 •총 5획 •급수 6급			
	代 代 代 代		時代(시대) : 지금의 이 시기 現代(현대) : 지금 이 시대	
99	白 흰 백	白 ㄅㄞˊ(바이)	白 bái(바이)	白 はく(하쿠)
	ノ 亻 冂 白 白 •부수 白 •총 5획 •급수 8급			
	白 白 白 白		空白(공백) : 아무것도 없이 비어 있음 白髮(백발) : 하얗게 센 머리털	
100	立 설 립	立 ㄌㄧˋ(리)	立 lì(리)	立 りつ(리츠)
	丶 一 亠 宁 立 •부수 立 •총 5획 •급수 7급			
	立 立 立 立		立場(입장) : 직면하고 있는 형편이나 상황 創立(창립) : 조직 따위를 처음으로 세움	

한 국	중국 번체자	중국 간체자	일본 약자	
打	打	打	打	
칠 타	ㄉㄚˇ(다)	dǎ(다)	だ(다)	101
一 十 扌 扌 打 • 부수 扌 • 총 5획 • 급수 5급				
打 打 打 打			打擊(타격) : 때려서 침. 때림 打倒(타도) : 쳐서 거꾸러뜨림	
北	北	北	北	
북녘 북	ㄅㄟˇ(베이)	běi(베이)	ほく(호쿠)	102
丨 ㅓ ㅓ 킈 北 • 부수 匕 • 총 5획 • 급수 8급				
北 北 北 北			北極(북극) : 북방의 끝 北方(북방) : 북쪽 지방	
世	世	世	世	
세상 세	ㄕˋ(스)	shì(스)	せい(세이)	103
一 十 廿 廿 世 • 부수 一 • 총 5획 • 급수 7급				
世 世 世 世			世家(세가) : 대대로 녹을 받는 집 世界(세계) : 온 인류 사회	
必	必	必	必	
반드시 필	ㄅㄧˋ(비)	bì(비)	ひつ(히츠)	104
㇀ 心 心 必 必 • 부수 心 • 총 5획 • 급수 5급				
必 必 必 必			必讀(필독) : 꼭 읽어야 함 必滅(필멸) : 반드시 죽음	

	한국	중국 번체자	중국 간체자	일본 약자
105	目 눈 목	目 ㄇㄨˋ(무)	目 mù(무)	目 もく(모꾸)
	ㅣ ㄇ ㄇ 月 目 •부수 目 •총 5획 •급수 6급			
	目 目 目 目		目的(목적) : 이루려고 하는 일이나 방향 品目(품목) : 물품 종류의 이름	

	한국	중국 번체자	중국 간체자	일본 약자
106	市 저자 시	市 ㄕˋ(스)	市 shì(스)	市 し(시)
	丶 亠 广 市 市 •부수 巾 •총 5획 •급수 7급			
	市 市 市 市		市內(시내) : 도시의 중심가 都市人(도시인) : 도시에 사는 사람	

	한국	중국 번체자	중국 간체자	일본 약자
107	且 또 차	且 ㄑㄧㄝˇ(체)	且 qiě(체)	且 しょ(쇼)
	ㅣ ㄇ ㄇ 月 且 •부수 一 •총 5획 •급수 3급			
	且 且 且 且		且月(차월) : 음력 유월을 달리 이르는 말 且置(차치) : 내버려두고 문제삼지 않음	

	한국	중국 번체자	중국 간체자	일본 약자
108	布 베 포	布 ㄅㄨˋ(부)	布 bù(부)	布 ふ(후)
	一 ナ 才 右 布 •부수 巾 •총 5획 •급수 4급Ⅱ			
	布 布 布 布		分布(분포) : 여기저기 흩어져 퍼져 있음 麻布(마포) : 삼에서 뽑아낸 실로 짠 천	

한국	중국 번체자	중국 간체자	일본 약자
石	石	石	石
돌 석	ㄕˊ(스)	shí(스)	せき(세키)

一 ア ア 石 石 ・부수 石 ・총 5획 ・급수 6급

| 石 | 石 | 石 | 石 | 石角(석각) : 돌의 모
石塔(석탑) : 돌로 쌓은 탑 |

109

한국	중국 번체자	중국 간체자	일본 약자
母	母	母	母
어미 모	ㄇㄨˇ(무)	mǔ(무)	ぼ(보)

乚 𠄌 𠀍 母 母 ・부수 母 ・총 5획 ・급수 8급

| 母 | 母 | 母 | 母 | 母薑(모강) : 씨를 받으려고 심은 생강
母系(모계) : 어머니 쪽의 핏줄 계통 |

110

한국	중국 번체자	중국 간체자	일본 약자
未	未	未	未
아닐 미	ㄨㄟˋ(웨이)	wèi(웨이)	み(미)

一 二 十 キ 未 ・부수 木 ・총 5획 ・급수 4급Ⅱ

| 未 | 未 | 未 | 未 | 未開人(미개인) : 아직 문명화되지 않은 인종
未納(미납) : 아직 바치지 아니하거나 못함 |

111

한국	중국 번체자	중국 간체자	일본 약자
半	半	半	半
반 반	ㄅㄢˋ(반)	bàn(반)	はん(한)

丶 丷 二 半 半 ・부수 十 ・총 5획 ・급수 6급

| 半 | 半 | 半 | 半 | 半減(반감) : 절반을 덞. 절반으로 줆
半空(반공) : 그리 높지 않은 공중 |

112

	한국	중국 번체자	중국 간체자	일본 약자
113	示 보일 시	示 ㄕˋ(스)	示 shì(스)	示 じ(지)
	一 二 丁 亓 示 • 부수 示 • 총 5획 • 급수 5급			
			指示(지시) : 어떤 일을 일러서 시킴 示範(시범) : 모범을 보임	
114	古 옛 고	古 ㄍㄨˇ(구)	古 gǔ(구)	古 こ(고)
	一 十 古 古 古 • 부수 口 • 총 5획 • 급수 6급			
			古物(고물) : 헐거나 낡은 물건 古墳(고분) : 오래된 무덤	
115	史 역사 사	史 ㄕˇ(스)	史 shǐ(스)	史 し(시)
	丶 口 口 史 史 • 부수 口 • 총 5획 • 급수 5급			
			現代史(현대사) : 현대의 역사 慘史(참사) : 비참한 역사	
116	失 잃을 실	失 ㄕ(스)	失 shī(스)	失 しつ(시츠)
	丿 ㄏ ㄷ 尹 失 • 부수 大 • 총 5획 • 급수 6급			
			失手(실수) : 부주의로 잘못을 저지름 失職(실직) : 직업을 잃음	

한국	중국 번체자	중국 간체자	일본 약자
功	功	功	功
공 공	ㄍㄨㄥ(궁)	gōng(궁)	こう(고우)

一 丁 工 玏 功 • 부수 力 • 총 5획 • 급수 6급

功過(공과) : 공로와 허물
功勞(공로) : 애써 이룬 공적

한국	중국 번체자	중국 간체자	일본 약자
田	田	田	田
밭 전	ㄊㄧㄢˊ(텐)	tián(텐)	でん(덴)

丨 冂 冋 田 田 • 부수 田 • 총 5획 • 급수 4급Ⅱ

田穀(전곡) : 밭에서 나는 곡식
田畓(전답) : 밭과 논. 농토

한국	중국 번체자	중국 간체자	일본 약자
皮	皮	皮	皮
가죽 피	ㄆㄧˊ(피)	pí(피)	ひ(히)

一 厂 广 皮 皮 • 부수 皮 • 총 5획 • 급수 3급Ⅱ

皮角(피각) : 가죽과 뿔
皮穀(피곡) : 껍질을 벗겨내지 않은 곡식

한국	중국 번체자	중국 간체자	일본 약자
令	令	令	令
거느릴 령(영)	ㄌㄧㄥˋ(링)	lìng(링)	れい(레이)

丿 人 𠆢 今 令 • 부수 人 • 총 5획 • 급수 5급

令達(영달) : 명령으로서 전함
令妹(영매) : 좋은 누이동생

	한국	중국 번체자	중국 간체자	일본 약자
121	左 왼 좌	左 ㄗㄨㄛˇ(쭤)	左 zuǒ(쭤)	左 さ(사)
	一ナ𠂇左左 •부수 工 •총 5획 •급수 7급			
			證左(증좌) : 참고가 될 만한 증거 左翼(좌익) : 급진적 사상이나 노선		
122	句 글귀 구	句 ㄐㄩˋ(쥐)	句 jù(쥐)	句 く(구)
	ノ勹勹句句 •부수 口 •총 5획 •급수 4급Ⅱ			
			文句(문구) : 글을 이루고 있는 구절 句節(구절) : 한 토막의 말이나 글		
123	右 오른쪽 우	右 ㄧㄡˋ(유)	右 yòu(유)	右 う(우)
	一ナ𠂇右右 •부수 口 •총 5획 •급수 4급Ⅱ			
			左右翼(좌우익) : 좌익 사상과 우익 사상 右腦(우뇌) : 대뇌의 오른쪽 부분		
124	玉 구슬 옥	玉 ㄩˋ(위)	玉 yù(위)	玉 ぎょく(교꾸)
	一二干王玉 •부수 玉 •총 5획 •급수 4급Ⅱ			
			玉璽(옥새) : 임금의 도장 玉座(옥좌) : 임금이 앉는 자리		

한국	중국 번체자	중국 간체자	일본 약자	
冬	冬	冬	冬	125
겨울 동	ㄉㄨㄥ(동)	dōng(둥)	とう(도우)	
㇀ ㇁ 夂 冬 冬 •부수 冫 •총 5획 •급수 7급				
冬 冬 冬 冬	冬期(동기): 겨울철 冬菊(동국): 겨울에 피는 국화			
兄	兄	兄	兄	126
맏 형	ㄒㄩㄥ(숑)	xiōng(숑)	けい(게이)	
㇀ 冂 口 尸 兄 •부수 儿 •총 5획 •급수 8급				
兄 兄 兄 兄	兄嫂(형수): 형의 아내 兄弟(형제): 형과 동생			
永	永	永	永	127
길 영	ㄩㄥˇ(융)	yǒng(융)	えい(에이)	
㇀ 氵 氵 永 永 •부수 水 •총 5획 •급수 6급				
永 永 永 永	永劫(영겁): 대단히 오랜 세월 永續(영속): 오래 계속하는 것			
甲	甲	甲	甲	128
갑옷 갑	ㄐㄧㄚˇ(자)	jiǎ(자)	こう(고우)	
㇀ 冂 口 日 甲 •부수 田 •총 5획 •급수 4급				
甲 甲 甲 甲	甲富(갑부): 첫째가는 부자 甲種(갑종): 으뜸가는 종류			

	한국	중국 번체자	중국 간체자	일본 약자
129	末 끝 말	末 ㄇㄛˋ(모)	末 mò(모)	末 まつ(마츠)
	一 二 十 才 末 • 부수 木 • 총 5획 • 급수 5급			
			結末(결말) : 어떤 일이 마무리되는 끝 年末(연말) : 한 해의 끝 무렵	
130	瓦 기와 와	瓦 ㄨㄚˇ(와)	瓦 wǎ(와)	瓦 が(나)
	一 厂 瓦 瓦 瓦 • 부수 瓦 • 총 5획 • 급수 3급			
			瓦當(와당) : 기와의 마구리 瓦工(와공) : 기와를 굽는 사람	
131	巨 클 거	巨 ㄐㄩˋ(쥐)	巨 jù(쥐)	巨 きょ(교)
	一 丅 三 巨 巨 • 부수 匚 • 총 5획 • 급수 4급			
			巨額(거액) : 매우 많은 액수의 돈 巨大(거대) : 엄청나게 큼	
132	幼 어릴 유	幼 丨ㄡˋ(유)	幼 yòu(유)	幼 よう(요우)
	ㄥ 幺 幺 幻 幼 • 부수 幺 • 총 5획 • 급수 3급Ⅱ			
			幼年(유년) : 어린 나이나 때 幼者(유자) : 나이가 어린 사람	

한 국	중국 번체자	중국 간체자	일본 약자	
甘	甘	甘	甘	133
달 감	ㄍㄢ(간)	gān(간)	かん(간)	
一 十 廿 廿 甘 •부수 甘 •총 5획 •급수 4급				
			甘露(감로) : 달콤한 이슬 甘味(감미) : 단 맛	
仙	仙	仙	仙	134
신선 선	ㄒㄧㄢ(셴)	xiān(셴)	せん(셴)	
ノ 亻 仁 仙 仙 •부수 人 •총 5획 •급수 5급				
			仙境(선경) : 신선이 있는 곳 仙骨(선골) : 비범한 골상	
申	申	申	申	135
펼 신	ㄕㄣ(선)	shēn(선)	しん(신)	
丨 口 日 日 申 •부수 田 •총 5획 •급수 4급Ⅱ				
			申警(신경) : 거듭 경계시킴 申告(신고) : 관청에 보고함	
冊	冊	册	冊	136
책 책	ㄘㄜˋ(처)	cè(처)	さつ(사츠)	
丨 冂 冂 冊 冊 •부수 冂 •총 5획 •급수 4급				
			冊欌(책장) : 책을 넣어 두는 가구 冊肆(책사) : 책을 팔고 사는 가게	

	한국	중국 번체자	중국 간체자	일본 약자
137	丙 밝을 병	丙 ㄅㄧㄥˇ(빙)	丙 bǐng(빙)	丙 へい(헤이)
	一 丆 万 丙 丙 • 부수 一 • 총 5획 • 급수 3급Ⅱ			
			丙時(병시): 이십사시의 열두째 시 丙月(병월): 월건의 천간이 병인 달	
138	在 있을 재	在 ㄗㄞˋ(짜이)	在 zài(짜이)	在 ざい(자이)
	一 ナ 才 十 在 在 • 부수 土 • 총 6획 • 급수 6급			
			不在(부재): 있지 아니함 在學(재학): 학교에 적을 둠	
139	有 있을 유	有 ㄧㄡˇ(유)	有 yǒu(유)	有 ゆう(유우)
	一 ナ 才 有 有 有 • 부수 月 • 총 6획 • 급수 7급			
			所有(소유): 자기 것으로 가짐 保有(보유): 가지고 있거나 간직함	
140	地 땅 지	地 ㄉㄧˋ(디)	地 dì(디)	地 じ(지)
	一 十 土 圵 地 地 • 부수 土 • 총 6획 • 급수 7급			
			地境(지경): 어떠한 처지나 형편 地下(지하): 땅의 속	

	한국	중국 번체자	중국 간체자	일본 약자
145	好 좋을 호	好 ㄏㄠˇ(하오)	好 hǎo(하오)	好 こう(고우)

ㄑ ㄑ 女 女 好 好 • 부수 女 • 총 6획 • 급수 4급 II

好況(호황) : 경기가 좋음
好感(호감) : 좋게 여기는 느낌

	한국	중국 번체자	중국 간체자	일본 약자
146	行 다닐 행	行 ㄒㄧㄥˊ(싱)	行 xíng(싱)	行 ぎょう(교우)

ノ ノ 彳 彳 行 行 • 부수 行 • 총 6획 • 급수 6급

行進(행진) : 줄을 지어 앞으로 나아감
進行(진행) : 앞으로 나아감

	한국	중국 번체자	중국 간체자	일본 약자
147	同 같을 동	同 ㄊㄨㄥˊ(퉁)	同 tóng(퉁)	同 どう(도우)

丨 冂 冂 冃 同 同 • 부수 口 • 총 6획 • 급수 7급

同時(동시) : 같은 때
協同(협동) : 서로 마음과 힘을 합함

	한국	중국 번체자	중국 간체자	일본 약자
148	成 이룰 성	成 ㄔㄥˊ(청)	成 chéng(청)	成 せい(세이)

一 厂 厂 成 成 成 • 부수 戈 • 총 6획 • 급수 6급

成功(성공) : 목적하는 바를 이룸
成人(성인) : 자라서 어른이 된 사람

한국	중국 번체자	중국 간체자	일본 약자	
如	如	如	如	
같을 여	ㄖㄨˊ(루)	rú(루)	じょ(조)	149
く 夂 女 如 如 如 •부수 女　•총 6획　•급수 4급 II			
如 如 如 如			如干(여간) : 어지간하게 如來(여래) : 석가모니의 존칭	

老	老	老	老	
늙을 노	ㄌㄠˇ(라오)	lǎo(라오)	ろう(로우)	151
一 十 土 耂 耂 老 •부수 老　•총 6획　•급수 7급			
老 老 老 老			老客(노객) : 늙어 보이는 손님 老苦(노고) : 늙어감에 따라 닥치는 괴로움	

因	因	因	因	
인할 인	ㄧㄣ(인)	yīn(인)	いん(인)	151
丨 冂 冂 円 因 因 •부수 口　•총 6획　•급수 5급			
因 因 因 因			因果(인과) : 원인과 결과 要因(요인) : 중요한 원인	

向	向	向	向	
향할 향	ㄒㄧㄤˋ(샹)	xiàng(샹)	こう(고우)	152
ノ 丿 冂 向 向 向 •부수 口　•총 6획　•급수 6급			
向 向 向 向			向東(향동) : 동쪽으로 향함 向路(향로) : 향하여 가는 길	

	한국	중국 번체자	중국 간체자	일본 약자
153	合 합할 합	合 ㄏㄜˊ(허)	合 hé(허)	合 ごう(고우)
	ノ 人 人 合 合 合 •부수 口 •총 6획 •급수 6급			
	合 合 合 合	混合(혼합) : 뒤섞이어 한데 합함 合計(합계) : 한데 합하여 계산함		
154	各 따로 각	各 ㄍㄜˋ(거)	各 gè(거)	各 かく(가꾸)
	ノ ク 夂 冬 各 各 •부수 口 •총 6획 •급수 6급			
	各 各 各 各	各各(각각) : 마다 다 따로 各自(각자) : 각각의 사람 자신		
155	百 일백 백	百 ㄅㄞˇ(바이)	百 bǎi(바이)	百 ひゃく(햐꾸)
	一 ㄧ ㄏ 丆 百 百 •부수 白 •총 6획 •급수 7급			
	百 百 百 百	百方(백방) : 온갖 방법이나 방면 百官(백관) : 모든 벼슬아치		
156	西 서녘 서	西 ㄒㄧ(시)	西 xī(시)	西 さい(사이)
	一 ㄏ 丆 丙 西 西 •부수 西 •총 6획 •급수 8급			
	西 西 西 西	西歐人(서구인) : 서양 사람 西山(서산) : 서쪽에 있는 산		

	한국	중국 번체자	중국 간체자	일본 약자
161	再 다시 재	再 ㄗㄞˋ(짜이)	再 zài(짜이)	再 さい(사이)
	一 厂 丌 丙 再 再 •부수 冂 •총 6획 •급수 5급			
	再 再 再 再		再會(재회) : 다시 만남 再婚(재혼) : 다시 혼인함	
162	安 편안할 안	安 ㄢ(안)	安 ān(안)	安 あん(안)
	` 丶 宀 宁 安 安 •부수 宀 •총 6획 •급수 7급			
	安 安 安 安		安息(안식) : 편안하게 쉼 安逸(안일) : 편안하고 한가함	
163	共 함께 공	共 ㄍㄨㄥˋ(궁)	共 gòng(궁)	共 きょう(교우)
	一 十 廾 共 共 共 •부수 八 •총 6획 •급수 6급			
	共 共 共 共		反共(반공) : 공산주의에 반대함 共用(공용) : 공동으로 씀	
164	光 빛 광	光 ㄍㄨㄤ(광)	光 guāng(광)	光 こう(고우)
	丨 丨 丬 业 ㄨ 光 •부수 儿 •총 6획 •급수 6급			
	光 光 光 光		榮光(영광) : 빛나고 아름다운 영예 光線(광선) : 빛의 줄기	

한국	중국 번체자	중국 간체자	일본 약자	
至	至	至	至	
이를 지	ㄓˋ(즈)	zhì(즈)	し(시)	165
一 厂 厶 云 至 至 • 부수 至 • 총 6획 • 급수 4급Ⅱ				
至	至	至	至上(지상) : 더할 수 없이 높은 위 至高(지고) : 더없이 높음	
收	收	收	收	
거둘 수	ㄕㄡ(서우)	shōu(서우)	しゅう(슈우)	166
ㄴ ㄐ ㄐ' ㄐ'' 收 收 • 부수 攵 • 총 6획 • 급수 4급Ⅱ				
收	收	收	至高(지고) : 지극히 높음 至交(지교) : 지극히 친한 교제	
交	交	交	交	
사귈 교	ㄐ丨ㄠ(쟈오)	jiāo(쟈오)	こう(고우)	167
丶 一 ナ 六 ゲ 交 • 부수 亠 • 총 6획 • 급수 6급				
交	交	交	交感(교감) : 서로 접촉하여 느낌 交流(교류) : 서로 주고받음	
字	字	字	字	
글자 자	ㄗˋ(쯔)	zì(쯔)	じ(지)	168
丶 丶 宀 宁 宁 字 • 부수 子 • 총 6획 • 급수 7급				
字	字	字	字句(자구) : 글자와 글귀 數字(숫자) : 수를 나타내는 글자	

57

	한국	중국 번체자	중국 간체자	일본 약자
169	米 쌀 미	米 ㄇㄧˇ(미)	米 mǐ(미)	米 べい(메)
	ヽ ヽ´ ニ 半 米 米 •부수 米 •총 6획 •급수 6급			
	米 米 米 米		玄米(현미) : 벼의 겉껍질만 벗겨 낸 쌀 敬米(경미) : 쌀을 중요하게 여김	
170	色 빛 색	色 ㄙㄜˋ(써)	色 sè(써)	色 しょく(쇼쿠)
	ノ ク 夕 各 多 色 •부수 色 •총 6획 •급수 7급			
	色 色 色 色		褐色(갈색) : 검은빛을 띤 주황색 赤色(적색) : 붉은 빛깔	
171	式 법 식	式 ㄕˋ(스)	式 shì(스)	式 しき(시키)
	一 二 三 テ 式 式 •부수 工 •총 6획 •급수 6급			
	式 式 式 式		方式(방식) : 일정한 형식이나 방법 正式(정식) : 정당한 격식이나 의식	
172	死 죽을 사	死 ㄙˇ(쓰)	死 sǐ(쓰)	死 し(시)
	一 ㄏ ヌ ヌ´ 死 死 •부수 歹 •총 6획 •급수 6급			
	死 死 死 死		死亡(사망) : 사람의 목숨이 끊어짐 死後(사후) : 죽고 난 이후	

한국	중국 번체자	중국 간체자	일본 약자	
早	早	早	早	
이를 조	ㄗㄠˇ(짜오)	zǎo(짜오)	そう(소우)	173
丨 冂 日 日 旦 早 • 부수 日 • 총 6획 • 급수 4급Ⅱ				
早	早	早	早	
		早稻(조도) : 올벼. 이른 벼 早熟(조숙) : 일찍 익음		
列	列	列	列	
벌일 렬	ㄌㄧㄝˋ(례)	liè(례)	れつ(레츠)	174
一 ㄏ ㄎ 歹 列 列 • 부수 刂 • 총 6획 • 급수 4급Ⅱ				
列	列	列	列	
		列强(열강) : 많은 강대한 나라들 列擧(열거) : 모조리 들어 말함		
江	江	江	江	
강 강	ㄐㄧㄤ(장)	jiāng(장)	こう(고우)	175
丶 氵 氵 汀 江 江 • 부수 氵 • 총 6획 • 급수 7급				
江	江	江	江	
		江山(강산) : 강과 산 江村(강촌) : 강가에 위치해 있는 마을		
衣	衣	衣	衣	
옷 의	ㄧ(이)	yī(이)	い(이)	176
丶 亠 ナ 才 衣 衣 • 부수 衣 • 총 6획 • 급수 6급				
衣	衣	衣	衣	
		衣架(의가) : 옷걸이 衣帶(의대) : 옷과 띠		

	한국	중국 번체자	중국 간체자	일본 약자
177	存 있을 존	存 ㄘㄨㄣˊ(춘)	存 cún(춘)	存 そん(손)

一ナオ존存存 • 부수 子 • 총 6획 • 급수 4급

既存(기존) : 이미 존재함
生存(생존) : 죽지 않고 살아 있음

178	忙 바쁠 망	忙 ㄇㄤˊ(망)	忙 máng(망)	忙 ぼう(보우)

丶丶忄忄忙忙 • 부수 忄 • 총 6획 • 급수 3급

忙中(망중) : 바쁜 가운데
百忙(백망) : 매우 바쁨

179	守 지킬 수	守 ㄕㄡˇ(서우)	守 shǒu(서우)	守 しゅ(슈)

丶丶宀宁守守 • 부수 宀 • 총 6획 • 급수 4급Ⅱ

看守(간수) : '교도관'의 이전 말
死守(사수) : 죽음을 무릅쓰고 지킴

180	充 가득할 충	充 ㄔㄨㄥ(충)	充 chōng(충)	充 じゅう(쥬우)

丶一云亠充充 • 부수 儿 • 총 6획 • 급수 5급

充員(충원) : 인원을 더 뽑아 채움
擴充(확충) : 늘이고 넓혀 충실하게 함

한 국	중국 번체자	중국 간체자	일본 약자	
考	考	考	考	
생각할 고	ㄎㄠˇ(카오)	kǎo(카오)	こう(고우)	181
一 十 土 耂 耂 考 ・부수 耂 ・총 6획 ・급수 5급				
				考據(고거) : 상고한 근거 考檢(고검) : 상고하여 조사함

血	血	血	血	
피 혈	ㄒㄧㄝˇ(쉐)	xiě(쉐)	けつ(게츠)	182
ノ 丿 冂 血 血 ・부수 血 ・총 6획 ・급수 4급Ⅱ				
				血管(혈관) : 혈액을 순환시키는 핏줄 血球(혈구) : 혈액의 유형성분의 한 가지

印	印	印	印	
도장 인	ㄧㄣˋ(인)	yìn(인)	いん(인)	183
ノ 匚 ㅌ 印 印 ・부수 卩 ・총 6획 ・급수 4급Ⅱ				
				捺印(날인) : 도장을 찍음 封印(봉인) : 봉한 자리에 도장을 찍음

肉	肉	肉	肉	
고기 육	ㄖㄡˋ(러우)	ròu(러우)	にく(니쿠)	184
丨 冂 内 内 肉 肉 ・부수 肉 ・총 6획 ・급수 4급Ⅱ				
				肉感(육감) : 육체상의 감각 肉塊(육괴) : 살찐 사람을 농으로 일컫는 말

한국	중국 번체자	중국 간체자	일본 약자
危	危	危	危
위태할 위	ㄨㄟ(웨이)	wēi(웨이)	き(기)

185
丿 ㄣ ㅗ ㄏ ㄕ 危 • 부수 卩 • 총 6획 • 급수 4급

危害(위해) : 위험한 재해
危局(위국) : 위태로운 국면

曲	曲	曲	曲
굽을 곡	ㄑㄩ(취)	qū(취)	きょく(교꾸)

186
丨 冂 冃 冉 曲 曲 • 부수 曰 • 총 6획 • 급수 5급

曲調(곡조) : 음악이나 가사의 가락
曲線(곡선) : 모나지 않고 굽은 선

耳	耳	耳	耳
귀 이	ㄦˇ(얼)	ěr(얼)	じ(지)

187
一 厂 ㄈ 丌 耳 耳 • 부수 耳 • 총 6획 • 급수 5급

耳目(이목) : 남들의 주의나 시선
木耳(목이) : 담자균류 목이과의 버섯

羊	羊	羊	羊
양 양	ㄧㄤˊ(양)	yáng(양)	よう(요우)

188
丶 ㄚ ㄚ ㄩ 兰 羊 • 부수 羊 • 총 6획 • 급수 4급Ⅱ

羊毛(양모) : 양의 털
山羊(산양) : 솟과에 속한 포유동물

한국	중국 번체자	중국 간체자	일본 약자	
休	休	休	休	189
쉴 휴	ㄒㄧㄡ(수)	xiū(수)	きゅう(규우)	
ノ イ 亻 什 休 休 • 부수 人 • 총 6획 • 급수 7급				
休 休 休 休		休息(휴식) : 일을 하는 도중에 잠깐 쉼 休務(휴무) : 일정한 기간 동안 업무를 쉼		
伐	伐	伐	伐	190
칠 벌	ㄈㄚˊ(파)	fá(파)	ばつ(바츠)	
ノ イ 亻 代 伐 伐 • 부수 人 • 총 6획 • 급수 4급Ⅱ				
伐 伐 伐 伐		伐木(벌목) : 나무를 벰 伐善(벌선) : 자기의 선을 뽐냄		
竹	竹	竹	竹	191
대나무 죽	ㄓㄨˊ(주)	zhú(주)	ちく(지쿠)	
ノ ノ 亻 𠂉 竹 竹 • 부수 竹 • 총 6획 • 급수 4급Ⅱ				
竹 竹 竹 竹		竹竿(죽간) : 대나무 장대 竹工(죽공) : 대그릇 따위를 만드는 사람		
吉	吉	吉	吉	192
길할 길	ㄐㄧˊ(지)	jí(지)	きち(깃치)	
一 十 士 吉 吉 吉 • 부수 口 • 총 6획 • 급수 5급				
吉 吉 吉 吉		吉禮(길례) : 제사의 예. 제사 吉夢(길몽) : 상서로운 꿈		

	한국	중국 번체자	중국 간체자	일본 약자
193	伏 엎드릴 복	伏 ㄈㄨˊ(푸)	伏 fú(푸)	伏 ふく(후쿠)
	ノ イ 仁 仕 伏 伏 •부수 人 •총 6획 •급수 4급			
	伏 伏 伏 伏		初伏(초복) : 삼복의 첫째 俯伏(부복) : 고개를 숙이고 엎드림	
194	刑 형벌 형	刑 ㄒㄧㄥˊ(싱)	刑 xíng(싱)	刑 けい(게이)
	一 二 于 开 开 刑 •부수 刂 •총 6획 •급수 4급			
	刑 刑 刑 刑		處刑(처형) : 죄인을 사형에 처함 刑務所(형무소) : '교도소'의 이전 말	
195	朱 붉을 주	朱 ㄓㄨ(주)	朱 zhū(주)	朱 しゅ(슈)
	ノ ㅗ ㅡ 牛 牛 朱 •부수 木 •총 6획 •급수 4급			
	朱 朱 朱 朱		朱錫(주석) : 탄소족 원소의 하나 朱黃色(주황색) : 빨강과 노랑의 중간 색깔	
196	仰 우러를 앙	仰 ㄧㄤˇ(양)	仰 yǎng(양)	仰 ぎょう(교우)
	ノ イ 仁 仲 仰 仰 •부수 人 •총 6획 •급수 3급Ⅱ			
	仰 仰 仰 仰		推仰(추앙) : 높이 받들어 우러러 봄 崇仰(숭앙) : 거룩하게 우러러봄	

한국	중국 번체자	중국 간체자	일본 약자	
舌	舌	舌	舌	197
혀 설	ㄕㄜˊ(서)	shé(서)	ぜつ(제츠)	
´ 二 千 千 舌 舌 ・부수 舌 ・총 6획 ・급수 4급				
舌 舌 舌 舌		舌根(설근) : 혀의 뿌리 舌端(설단) : 혀끝		
宅	宅	宅	宅	198
집 택	ㄓㄞˊ(자이)	zhái(자이)	たく(다꾸)	
` ㆍ 宀 宀 宀 宅 ・부수 宀 ・총 6획 ・급수 5급				
宅 宅 宅 宅		宅內(댁내) : 남의 집안의 존칭 宅居(택거) : 집에 거처함		
宇	宇	宇	宇	199
집 우	ㄩˇ(위)	yǔ(위)	う(우)	
` ㆍ 宀 宀 宀 宇 ・부수 宀 ・총 6획 ・급수 3급Ⅱ				
宇 宇 宇 宇		宇宙(우주) : 대기권 밖의 공간 祠宇(사우) : 조상의 신주를 모셔 놓은 집		
寺	寺	寺	寺	200
절 사	ㄙˋ(쓰)	sì(쓰)	じ(지)	
一 十 土 土 寺 寺 ・부수 寸 ・총 6획 ・급수 4급Ⅱ				
寺 寺 寺 寺		寺畓(사답) : 절에 딸린 논밭 寺院(사원) : 절. 사찰(寺刹)		

	한국	중국 번체자	중국 간체자	일본 약자
201	兆 조 조	兆 ㄓㄠˋ(자오)	兆 zhào(자오)	兆 ちょう(조우)

ノ 丿 𠂆 兆 兆 兆 ・부수 儿 ・총 6획 ・급수 3급Ⅱ

吉兆(길조) : 복되고 좋은 일이 있을 조짐
亡兆(망조) : 실패하거나 망할 조짐

	한국	중국 번체자	중국 간체자	일본 약자
202	我 나 아	我 ㄨㄛˇ(워)	我 wǒ(워)	我 が(가)

丿 一 千 手 我 我 我 ・부수 戈 ・총 7획 ・급수 3급Ⅱ

我軍(아군) : 같은 편인 군대
他我(타아) : 다른 사람의 자아

	한국	중국 번체자	중국 간체자	일본 약자
203	作 지을 작	作 ㄗㄨㄛˊ(쭤)	作 zuó(쭤)	作 さく(사쿠)

ノ 亻 亻 𠂇 亻乍 作 作 ・부수 人 ・총 7획 ・급수 6급

作品(작품) : 예술 창작의 결과물
作成(작성) : 서류나 원고 따위를 만듦

	한국	중국 번체자	중국 간체자	일본 약자
204	見 볼 견	見 ㄐㄧㄢˋ(젠)	见 jiàn(젠)	見 けん(겐)

丨 冂 冃 月 目 貝 見 ・부수 見 ・총 7획 ・급수 5급

異見(이견) : 다른 의견이나 생각
一見(일견) : 한 번 봄

한국	중국 번체자	중국 간체자	일본 약자
利	利	利	利
이로울 이	ㄌㄧˋ(리)	lì(리)	り(리)

一 二 千 千 禾 利 利 • 부수 刂 • 총 7획 • 급수 6급

利口(이구) : 말을 교묘하게 잘함
利權(이권) : 이익을 얻는 권리

한국	중국 번체자	중국 간체자	일본 약자
位	位	位	位
자리 위	ㄨㄟˋ(웨이)	wèi(웨이)	い(이)

丿 亻 亻 亻 亻 位 位 • 부수 人 • 총 7획 • 급수 5급

位階(위계) : 벼슬의 등급
上位(상위) : 높은 순위

한국	중국 번체자	중국 간체자	일본 약자
走	走	走	走
달릴 주	ㄗㄡˇ(쩌우)	zǒu(쩌우)	そう(소우)

一 十 土 十 卡 走 走 • 부수 走 • 총 7획 • 급수 4급Ⅱ

走力(주력) : 달리는 힘
逃走(도주) : 피하여 달아남

한국	중국 번체자	중국 간체자	일본 약자
完	完	完	完
완전할 완	ㄨㄢˊ(완)	wán(완)	かん(간)

丶 宀 宀 宀 宇 完 • 부수 宀 • 총 7획 • 급수 5급

完了(완료) : 완전히 끝마침
完工(완공) : 완성하여 공사를 마침

	한국	중국 번체자	중국 간체자	일본 약자
209	別 다를 별	別 ㄅㄧㄝˊ(볘)	別 bié(볘)	別 べつ(베츠)
	⼁ ⼂ ⼃ ⼄ ⼅ 別 別 ・부수 ⼁ ・총 7획 ・급수 6급			
	別 別 別 別		特別(특별): 일반적인 것과 아주 다름 作別(작별): 서로 인사를 나누고 헤어짐	
210	形 모양 형	形 ㄒㄧㄥˊ(싱)	形 xíng(싱)	形 けい(게이)
	一 二 开 开 开' 形 形 ・부수 彡 ・총 7획 ・급수 6급			
	形 形 形 形		原形(원형): 본디의 모양 地形(지형): 땅의 생긴 모양	
211	決 결단할 결	決 ㄐㄩㄝˊ(줴)	决 jué(줴)	決 けつ(게츠)
	⼂ ⼂ ⺡ 氵 江 決 決 ・부수 氵 ・총 7획 ・급수 5급			
	決 決 決 決		票決(표결): 투표를 하여 결정함 決意(결의): 굳게 마음을 먹고 뜻을 정함	
212	身 몸 신	身 ㄕㄣ(선)	身 shēn(선)	身 しん(신)
	⼃ ⼂ ⼕ ⼕ 身 身 身 ・부수 身 ・총 7획 ・급수 6급			
	身 身 身 身		身體(신체): 사람의 몸 全身(전신): 몸의 전체	

한국	중국 번체자	중국 간체자	일본 약자	
改	改	改	改	213
고칠 개	ㄍㄞˇ(가이)	gǎi(가이)	かい(가이)	
フ コ 己 己' 己ㅏ 改 改 • 부수 攵 • 총 7획 • 급수 5급				
改 改 改 改	改良(개량) : 좋게 고침 改量(개량) : 다시 측정하는 것			
車	車	车	車	214
수레 차(거)	彳ㄜ(처)	chē(처)	しゃ(샤)	
一 ㄱ 襾 襾 百 亘 車 • 부수 車 • 총 7획 • 급수 7급				
車 車 車 車	車軌(거궤) : 수레가 지나간 자국 車馬(거마) : 수레와 말			
快	快	快	快	215
쾌할 쾌	ㄎㄨㄞˋ(콰이)	kuài(콰이)	かい(가이)	
' 丶 忄 忄 忄 快 快 • 부수 忄 • 총 7획 • 급수 4급Ⅱ				
快 快 快 快	快感(쾌감) : 상쾌하고 즐거운 느낌 快擧(쾌거) : 시원스럽게 하는 짓			
花	花	花	花	216
꽃 화	ㄏㄨㄚ(화)	huā(화)	か(가)	
一 十 ㅛ ㅛ 艹 花 花 • 부수 艹 • 총 7획 • 급수 7급				
花 花 花 花	花甲(화갑) : 60세를 일컬음 花客(화객) : 꽃을 구경하는 사람			

	한국	중국 번체자	중국 간체자	일본 약자
217	住 살 주	住 ㅛㄨˋ(주)	住 zhù(주)	住 じゅう(쥬우)
	ノ亻亻亻住住住 • 부수 人 • 총 7획 • 급수 7급			
	住　住　住　住	住民(주민) : 일정한 지역에 사는 사람 無住宅(무주택) : 자기 소유의 집이 없음		
218	志 뜻 지	志 ㅛˋ(즈)	志 zhì(즈)	志 し(시)
	一十士ナ志志志 • 부수 心 • 총 7획 • 급수 4급Ⅱ			
	志　志　志　志	志願(지원) : 뜻을 두어 원함 鬪志(투지) : 싸우고자 하는 굳센 뜻		
219	每 매양 매	每 ㄇㄟˇ(메이)	每 měi(메이)	每 まい(마이)
	ノ二仁与每每每 • 부수 母 • 총 7획 • 급수 7급			
	每　每　每　每	每番(매번) : 어느 때에나 다 每月(매월) : 각각의 모든 달		
220	更 고칠 경	更 ㄍㄥˋ(경)	更 gēng(경)	更 こう(고우)
	一一一一百更更 • 부수 日 • 총 7획 • 급수 4급			
	更　更　更　更	變更(변경) : 다르게 바꾸어 새롭게 고침 更紙(갱지) : 지면이 조금 거친 서양식 종이		

한국	중국 번체자	중국 간체자	일본 약자
究	究	究	究
연구할 구	ㄐㄧㄡ(주)	jiū(주)	きゅう(규우)

丶丶宀宀宀宂究 •부수 穴 •총 7획 •급수 4급Ⅱ

究考(구고) : 생각함. 끝까지 연구함
究極(구극) : 극도에 달함

近	近	近	近
가까울 근	ㄐㄧㄣˋ(진)	jìn(진)	きん(긴)

丶丿厂斤斤近近 •부수 辶 •총 8획 •급수 6급

近郊(근교) : 도시에 가까운 주변
近代(근대) : 가까운 지난날의 시대

何	何	何	何
어찌 하	ㄏㄜˊ(허)	hé(허)	か(가)

丿亻仁仁何何何 •부수 人 •총 7획 •급수 3급Ⅱ

何故(하고) : 무슨 까닭
何物(하물) : 무슨 물건. 어떠한 것

步	步	步	步
걸음 보	ㄅㄨˋ(부)	bù(부)	ほ(호)

丨丅止止牛步步 •부수 止 •총 7획 •급수 4급Ⅱ

步測(보측) : 걸음 수로 거리를 잼
步行(보행) : 걸어감

	한국	중국 번체자	중국 간체자	일본 약자
225	技 재주 기	技 ㄐㄧˋ(지)	技 jì(지)	技 ぎ(기)

一 十 才 扌 扌 扩 拃 技 • 부수 扌 • 총 7획 • 급수 5급

| 技 | 技 | 技 | 技 | 新技術(신기술) : 새로운 기술
實技(실기) : 실제의 기술이나 기능 |

| 226 | 告
알릴 고 | 告
ㄍㄠˋ(가오) | 告
gào(가오) | 告
こく(고쿠) |

丿 ㇑ 牛 生 告 告 告 • 부수 口 • 총 7획 • 급수 5급

| 告 | 告 | 告 | 告 | 廣告(광고) : 세상에 널리 알림
公告(공고) : 세상에 널리 알림 |

| 227 | 兵
군사 병 | 兵
ㄅㄧㄥ(빙) | 兵
bīng(빙) | 兵
へい(헤이) |

丿 ㇒ ㇐ ㇒ 丘 兵 兵 • 부수 八 • 총 7획 • 급수 5급

| 兵 | 兵 | 兵 | 兵 | 兵力(병력) : 군대의 힘
兵務(병무) : 군사에 관계된 사무 |

| 228 | 言
말씀 언 | 言
ㄧㄢˊ(옌) | 言
yán(옌) | 言
げん(겐) |

丶 一 一 一 一 言 言 • 부수 言 • 총 7획 • 급수 6급

| 言 | 言 | 言 | 言 | 證言(증언) : 사실을 말로 증명함
言及(언급) : 어떤 문제에 대하여 말함 |

한국	중국 번체자	중국 간체자	일본 약자	
低	低	低	低	229
낮을 저	ㄉㄧ(디)	dī(디)	てい(데이)	
ノ イ 亻 广 仁 低 低 •부수 人 •총 7획 •급수 4급Ⅱ				
低 低 低 低		低價(저가) : 낮은 값. 싼값 低空(저공) : 고도가 낮음		
足	足	足	足	230
발 족	ㄗㄨˊ(쭈)	zú(쭈)	そく(소쿠)	
丶 口 口 口 로 足 足 •부수 足 •총 7획 •급수 7급				
足 足 足 足		足恭(족공) : 도에 넘은 공경 足鎖(족쇄) : 죄인의 발에 채우던 쇠사슬		
角	角	角	角	231
뿔 각	ㄐㄧㄠˇ(자오)	jiǎo(자오)	かく(가쿠)	
ノ ク 广 角 角 角 •부수 角 •총 7획 •급수 6급				
角 角 角 角		角度(각도) : 각의 크기 角立(각립) : 서로 버티고 굴복하지 않음		
助	助	助	助	232
도울 조	ㄓㄨˋ(주)	zhù(주)	じょ(조)	
丨 冂 冃 目 且 助 助 •부수 力 •총 7획 •급수 4급Ⅱ				
助 助 助 助		助敎授(조교수) : 부교수 밑의 직함 助力(조력) : 힘을 도와 줌		

	한국	중국 번체자	중국 간체자	일본 약자
233	防 막을 방	防 ㄈㄤˊ(팡)	防 fáng(팡)	防 ぼう(보우)

丶 阝 阝 阝 阝防防 • 부수 阝 • 총 7획 • 급수 4급 Ⅱ

防衛(방위) : 적의 공격을 막아서 지킴
攻防(공방) : 서로 공격하고 방어함

	한국	중국 번체자	중국 간체자	일본 약자
234	希 바랄 희	希 ㄒㄧ(시)	希 xī(시)	希 き(기)

丿 乂 ㅗ 쵸 希希 • 부수 巾 • 총 7획 • 급수 4급 Ⅱ

希求(희구) : 바라며 요구함
希願(희원) : 기대하여 바람

	한국	중국 번체자	중국 간체자	일본 약자
235	村 마을 촌	村 ㄘㄨㄣ(춘)	村 cūn(춘)	村 そん(손)

一 十 才 木 村 村 村 • 부수 木 • 총 7획 • 급수 7급

村落(촌락) : 시골의 마을
山村(산촌) : 산속에 있는 마을

	한국	중국 번체자	중국 간체자	일본 약자
236	投 던질 투	投 ㄊㄡˊ(터우)	投 tóu(터우)	投 とう(도우)

一 十 扌 扌 护 投 投 • 부수 扌 • 총 7획 • 급수 4급

投球(투구) : 야구나 볼링에서 공을 던짐
投獄(투옥) : 죄를 지은 사람을 옥에 가둠

한국	중국 번체자	중국 간체자	일본 약자	
弟	弟	弟	弟	237
아우 제	ㄉㄧˋ(디)	dì(디)	てい(데이)	
`丶丷丷艹兯弟弟` •부수 弓 •총 7획 •급수 8급				
弟 弟 弟 弟	弟妹(제매): 아우와 누이동생 弟嫂(제수): 아우의 아내			
良	良	良	良	238
어질 양	ㄌㄧㄤˊ(량)	liáng(량)	りょう(료)	
`丶ㄱ ㄱ ㄣ 白 自 良` •부수 良 •총 7획 •급수 5급				
良 良 良 良	良家(양가): 양민(良民)의 집 良久(양구): 한참 있다가			
初	初	初	初	239
처음 초	ㄔㄨ(추)	chū(추)	しょ(쇼)	
`丶ㄱ 才 衤 衤 初 初` •부수 刀 •총 7획 •급수 5급				
初 初 初 初	初期(초기): 맨 처음의 시기 初年(초년): 중년 이전의 시대			
均	均	均	均	240
고를 균	ㄐㄩㄣ(쥔)	jūn(쥔)	きん(긴)	
`一十土圠圴均均` •부수 土 •총 7획 •급수 4급				
均 均 均 均	均排(균배): 고르게 나눔 均分(균분): 여럿에 똑같도록 나눔			

	한국	중국 번체자	중국 간체자	일본 약자
241	男 사내 남	男 ㄋㄢˊ(난)	男 nán(난)	男 だん(단)
	ㅣ 冂 冃 田 田 甼 男 •부수 田 •총 7획 •급수 7급			
	男 男 男 男			男妹(남매) : 오빠와 누이 美男(미남) : 얼굴이 잘생긴 남자
242	判 판가름할 판	判 ㄆㄢˋ(판)	判 pàn(판)	判 はん(한)
	丶 丷 ㅛ 半 半 判 判 •부수 刂 •총 7획 •급수 4급			
	判 判 判 判			判定(판정) : 판단하여 결정함 誤判(오판) : 잘못 보거나 잘못 판단함
243	冷 찰 냉	冷 ㄌㄥˇ(렁)	冷 lěng(렁)	冷 れい(레이)
	丶 冫 冫 ㅅ 冷 冷 冷 •부수 冫 •총 7획 •급수 5급			
	冷 冷 冷 冷			冷氣(냉기) : 차가운 기운 冷水(냉수) : 차가운 물
244	材 재목 재	材 ㄘㄞˊ(차이)	材 cái(차이)	材 ざい(자이)
	一 十 十 木 木 村 材 •부수 木 •총 7획 •급수 5급			
	材 材 材 材			材質(재질) : 재료가 가지는 성질 藥材(약재) : 약을 짓는 데 쓰이는 재료

한국	중국 번체자	중국 간체자	일본 약자
君	君	君	君
임금 군	ㄐㄩㄣ(쥔)	jūn(쥔)	くん(군)

ㄱ ㅋ ㅋ 尹 尹 君 君 • 부수 口 • 총 7획 • 급수 4급

| 君 | 君 | 君 | 君 | 君臨(군림) : 가장 높은 자리에 섬
君父(군부) : 임금과 아버지 |

困	困	困	困
괴로울 곤	ㄎㄨㄣˋ(쿤)	kùn(쿤)	こん(곤)

| 丨 冂 冂 月 闬 困 困 • 부수 囗 • 총 7획 • 급수 4급

| 困 | 困 | 困 | 困 | 困境(곤경) : 곤란한 처지
困窮(곤궁) : 몹시 곤란함 |

否	否	否	否
아닐 부	ㄈㄡˇ(퍼우)	fǒu(퍼우)	ひ(히)

一 ㄱ ㄫ 不 不 否 否 • 부수 口 • 총 7획 • 급수 4급

| 否 | 否 | 否 | 否 | 否決(부결) : 의안의 불성립을 의결함
否認(부인) : 동의하지 않음 |

迎	迎	迎	迎
맞이할 영	一ㄥˊ(잉)	yíng(잉)	げい(게이)

ㄥ ㄣ 仰 印 迎 迎 • 부수 辶 • 총 7획 • 급수 4급

| 迎 | 迎 | 迎 | 迎 | 迎賓(영빈) : 손님을 맞음
迎送(영송) : 맞는 일과 보내는 일 |

	한국	중국 번체자	중국 간체자	일본 약자
249	吹 불 취	吹 ㄔㄨㄟ(추이)	吹 chuī(추이)	吹 すい(스이)

ノ 冂 口 口 吵 吵 吹　•부수 口　•총 7획　•급수 3급Ⅱ

鹽吹(염취) : 새조갯과에 속한 연체동물
平吹(평취) : 관악기를 보통 세기로 붊

	한국	중국 번체자	중국 간체자	일본 약자
250	私 사사로울 사	私 ㄙ(쓰)	私 sī(쓰)	私 し(시)

ノ 二 千 千 禾 私 私　•부수 禾　•총 7획　•급수 4급

私的(사적) : 개인에 관계된 것
私益(사익) : 개인의 사사로운 이익

	한국	중국 번체자	중국 간체자	일본 약자
251	忘 잊을 망	忘 ㄨㄤˋ(왕)	忘 wàng(왕)	忘 ぼう(보우)

丶 亠 亡 产 忘 忘 忘　•부수 心　•총 7획　•급수 3급

忘憂(망우) : 근심을 잊는 일
忘棄(망기) : 어떤 사실을 잊어 버림

	한국	중국 번체자	중국 간체자	일본 약자
252	序 차례 서	序 ㄒㄩˋ(쉬)	序 xù(쉬)	序 じょ(조)

丶 亠 广 户 庐 序 序　•부수 广　•총 7획　•급수 5급

序頭(서두) : 어떤 일이나 차례의 첫머리
序說(서설) : 본론의 머리말이 되는 논설

한국	중국 번체자	중국 간체자	일본 약자	
佛	佛	仏	仏	253
부처 불	ㄈㄛˊ(포)	fó(포)	ぶつ(부츠)	
ノ 亻 亻 亻 佛 佛 佛 ・부수 人 ・총 7획 ・급수 4급Ⅱ				
		佛經(불경) : 불교의 경문. 불전 佛界(불계) : 모든 부처가 사는 세계		
辛	辛	辛	辛	254
매울 신	ㄒㄧㄣ(신)	xīn(신)	しん(신)	
丶 ㇀ ㇀ ㇀ 立 产 辛 ・부수 辛 ・총 7획 ・급수 3급				
		辛艱(신간) : 쓰라린 괴로움 辛勤(신근) : 심히 애써서 근로(勤勞)함		
尾	尾	尾	尾	255
꼬리 미	ㄨㄟˇ(웨이)	wěi(웨이)	び(비)	
丿 ㇇ 尸 尸 尸 尾 尾 ・부수 尸 ・총 7획 ・급수 3급				
		尾羽(미우) : 매 또는 그 밖의 새의 꽁지 깃 尾行(미행) : 몰래 뒤를 밟음		
妙	妙	妙	妙	256
묘할 묘	ㄇㄧㄠˋ(먀오)	miào(먀오)	みょう(묘우)	
乀 ㇛ 女 女 妙 妙 妙 ・부수 女 ・총 7획 ・급수 4급				
		妙計(묘계) : 묘한 꾀 妙技(묘기) : 기묘한 기술		

	한국	중국 번체자	중국 간체자	일본 약자
257	壯 장할 장	壯 ㄓㄨㄤˋ(좡)	壮 zhuàng(좡)	壮 そう(소우)

丶 ㅣ ㅓ ㅕ ㅕ 壯 壯 • 부수 士 • 총 7획 • 급수 4급

壯丁(장정): 기운이 좋은 젊은 남자
壯士(장사): 기개와 힘이 아주 센 사람

258	貝 조개 패	貝 ㄅㄟˋ(베이)	贝 bèi(베이)	貝 ばい(바이)

丨 冂 冃 月 目 貝 貝 • 부수 貝 • 총 7획 • 급수 3급

吉貝(길패): 아욱과에 속한 한해살이풀
貝石(패석): 조가비의 화석

259	忍 참을 인	忍 ㄖㄣˇ(런)	忍 rěn(런)	忍 にん(닌)

㇇ 刀 刃 刃 忍 忍 忍 • 부수 心 • 총 7획 • 급수 3급Ⅱ

忍苦(인고): 괴로움을 참고 견딤
忍耐力(인내력): 참고 견디는 힘

260	豆 콩 두	豆 ㄉㄡˋ(더우)	豆 dòu(더우)	豆 とう(도우)

一 丆 戸 吉 豆 豆 豆 • 부수 豆 • 총 7획 • 급수 4급Ⅱ

豆腐(두부): 콩으로 만든 음식의 하나
大豆(대두): 콩과에 속한 한해살이 풀

한국	중국 번체자	중국 간체자	일본 약자	
秀	秀	秀	秀	261
빼어날 수	ㄒㄧㄡˋ(수)	xiù(수)	しゅう(슈우)	
ノ ニ 千 千 禾 禾 秀 秀 •부수 禾 •총 7획 •급수 4급				
秀 秀 秀 秀		秀眉(수미) : 아주 아름다운 눈썹 秀敏(수민) : 뛰어나고 현명함		

卵	卵	卵	卵	262
알 란	ㄌㄨㄢˇ(롼)	luǎn(롼)	らん(란)	
ノ ㄥ ㄈ 炉 卯 卵 卵 •부수 卩 •총 7획 •급수 4급				
卵 卵 卵 卵		鷄卵(계란) : 닭이 낳은 알 卵子(난자) : 암컷의 생식 세포		

臣	臣	臣	臣	263
신하 신	ㄔㄣˊ(천)	chén(천)	しん(신)	
一 T 丌 丐 臣 臣 •부수 臣 •총 6획 •급수 5급				
臣 臣 臣 臣		臣道(신도) : 신하가 지켜야 할 도리 臣僚(신료) : 많은 관리		

赤	赤	赤	赤	264
붉을 적	ㄔˋ(츠)	chì(츠)	せき(세끼)	
一 + 土 尹 赤 赤 赤 •부수 赤 •총 7획 •급수 5급				
赤 赤 赤 赤		赤脚(적각) : 맨발 赤旗(적기) : 붉은 기		

	한국	중국 번체자	중국 간체자	일본 약자
265	扶 도울 부	扶 ㄈㄨˊ(푸)	扶 fú(푸)	扶 ふ(후)

一 十 扌 扌 扌 抃 抶 扶 • 부수 扌 • 총 7획 • 급수 3급 Ⅱ

扶翼(부익) : 보호하고 도와줌
扶風(부풍) : 몹시 세차게 부는 바람

	한국	중국 번체자	중국 간체자	일본 약자
266	孝 효도 효	孝 ㄒㄧㄠˋ(샤오)	孝 xiào(샤오)	孝 こう(코우)

一 十 土 耂 老 孝 孝 • 부수 子 • 총 7획 • 급수 7급

孝心(효심) : 부모를 섬기고 공경하는 마음
孝順(효순) : 효성스럽고 유순함

	한국	중국 번체자	중국 간체자	일본 약자
267	姉 손윗누이 자	姊 ㄗˇ(쯔)	姊 zǐ(쯔)	姉 し(시)

〈 夂 女 女 妒 妒 姉 • 부수 女 • 총 8획 • 급수 4급

姉壻(자서) : 손위 누이의 남편
義姉(의자) : 부모가 다른 누이를 이르는 말

	한국	중국 번체자	중국 간체자	일본 약자
268	的 과녁 적	的 ㄉㄧˊ(디)	的 dí(디)	的 てき(데끼)

丿 亻 ή 白 白 的 的 • 부수 白 • 총 8획 • 급수 5급

全的(전적) : 전체에 걸쳐 모두 다인 것
標的(표적) : 목표로 삼는 대상

한국	중국 번체자	중국 간체자	일본 약자
來	來	来	來
올 래	ㄌㄞˊ(라이)	lái(라이)	らい(라이)

一 十 十 十 朿 朿 來 來 • 부수 木 • 총 7획 • 급수 7급

來客(내객) : 찾아온 손님
來歷(내력) : 겪어온 자취. 지나온 경력

269

한국	중국 번체자	중국 간체자	일본 약자
和	和	和	和
화할 화	ㄏㄜˊ(허)	hé(허)	わ(와)

ノ 二 千 チ 禾 禾 和 和 • 부수 口 • 총 8획 • 급수 6급

和姦(화간) : 합의상의 간통
和談(화담) : 정답게 주고받는 말

270

한국	중국 번체자	중국 간체자	일본 약자
到	到	到	到
이를 도	ㄉㄠˋ(다오)	dào(다오)	とう(도우)

一 厶 工 互 至 至 到 到 • 부수 刂 • 총 8획 • 급수 5급

到達(도달) : 목적한 곳에 이름
到來(도래) : 어디에서 이름

271

한국	중국 번체자	중국 간체자	일본 약자
事	事	事	事
일 사	ㄕˋ(스)	shì(스)	じ(지)

一 ㄱ ㄇ 曰 亘 写 写 事 • 부수 亅 • 총 8획 • 급수 7급

事故(사고) : 뜻밖에 일어난 탈
事端(사단) : 사건의 단서

272

	한국	중국 번체자	중국 간체자	일본 약자
273	所 바 소	所 ㄙㄨㄛˇ(쒀)	所 suǒ(쒀)	所 しょ(쇼)
	´ 厂 厂 戶 戶 所 所 所 • 부수 戶 • 총 8획 • 급수 7급			
	所 所 所 所	所謂(소위) : 흔히 말하는 바대로 所望(소망) : 바라고 원함		
274	長 긴 장	長 ㄔㄤˊ(창)	长 cháng(창)	長 ちょう(조우)
	ㅣ 厂 F F 巨 長 長 長 • 부수 長 • 총 8획 • 급수 8급			
	長 長 長 長	班長(반장) : 반을 대표하는 일을 맡은 사람 會長(회장) : 회사에서 사장 위의 지위		
275	法 법 법	法 ㄈㄚˇ(파)	法 fǎ(파)	法 ほう(호우)
	` ` ㆍ氵氵汁注法法 • 부수 氵 • 총 8획 • 급수 5급			
	法 法 法 法	不法(불법) : 법에 위반됨 技法(기법) : 기교를 부리거나 보이는 방법		
276	定 정할 정	定 ㄉ丨ㄥˋ(딩)	定 dìng(딩)	定 てい(데이)
	` ` 宀 宀 宁 宇 定 定 • 부수 宀 • 총 8획 • 급수 6급			
	定 定 定 定	規定(규정) : 규칙으로 정함 豫定(예정) : 앞으로 할 일을 미리 정함		

	한국	중국 번체자	중국 간체자	일본 약자
281	知 알 지	知 ㅛ(즈)	知 zhī(즈)	知 ち(지)

ノ ト ニ 누 矢 知 知 知 •부수 矢 •총 8획 •급수 5급

知覺(지각) : 알아서 깨달음
知的(지적) : 지식 또는 지성과 관련된

282	表 겉 표	表 ㄅㅣㄠˇ(뱌오)	表 biǎo(뱌오)	表 ひょう(효우)

一 = ± 扌 ㄎ 뉴 表 表 •부수 衣 •총 8획 •급수 6급

表紙(표지) : 책의 앞뒤 겉장
表迹(표적) : 겉으로 나타난 흔적

283	者 놈 자	者 ㅛㄜˇ(저)	者 zhě(저)	者 しゃ(샤)

一 + 土 耂 耂 者 者 者 •부수 耂 •총 8획 •급수 6급

話者(화자) : 말하는 사람
筆者(필자) : 글을 쓴 사람

284	兒 아이 아	兒 ㄦˊ(얼)	儿 ér(얼)	児 じ(지)

ノ ィ ケ 午 白 白 臼 兒 •부수 儿 •총 8획 •급수 5급

育兒(육아) : 어린아이를 기름
男兒(남아) : 남자인 아이

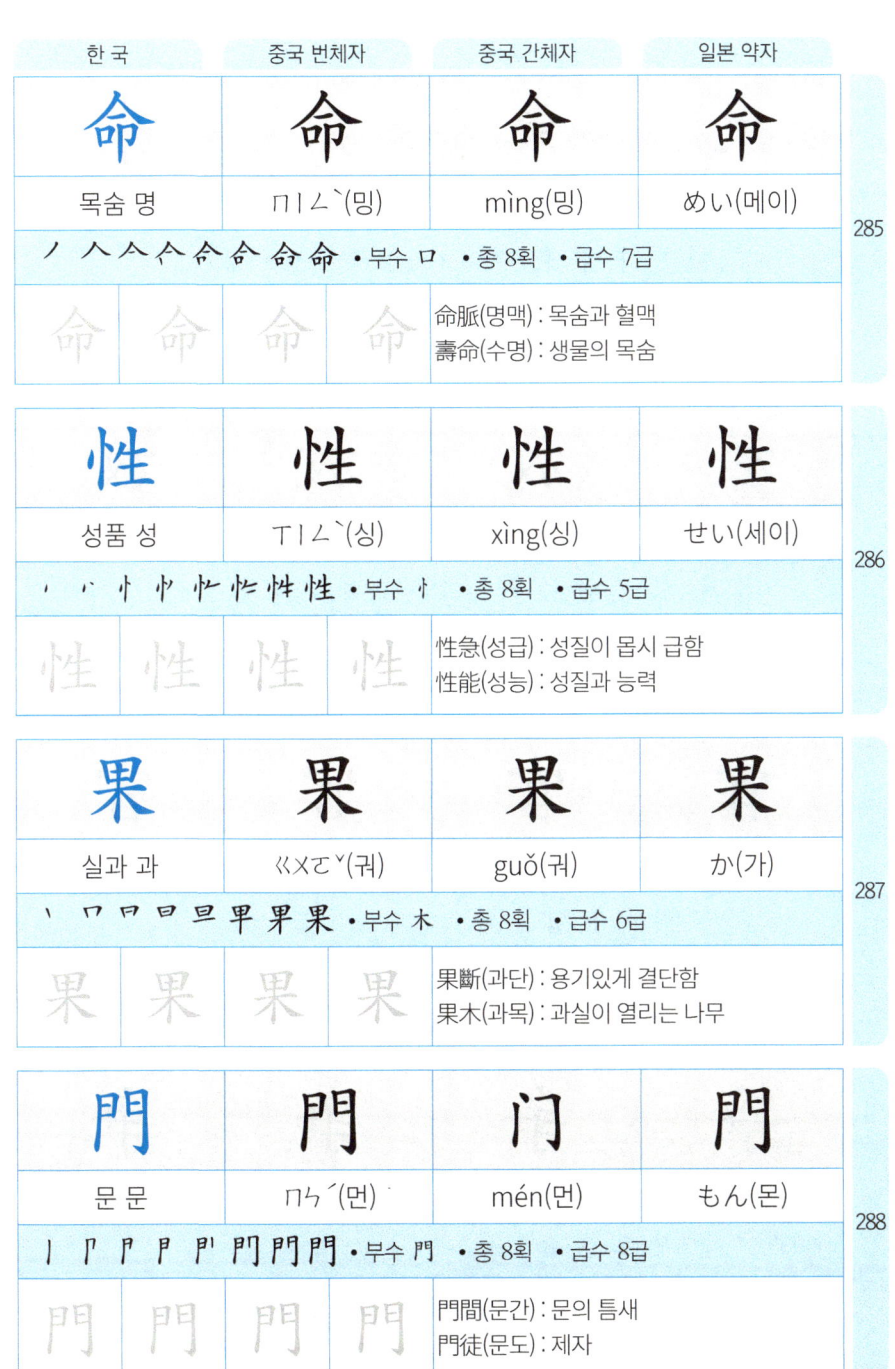

	한국	중국 번체자	중국 간체자	일본 약자
289	東 동녘 동	東 ㄉㄨㄥ(둥)	东 dōng(둥)	東 とう(도우)
	一 ㄧ ㅠ ㅠ 百 申 東 東 •부수 木 •총 8획 •급수 8급			
	東 東 東 東		東部(동부) : 어떤 지역의 동쪽 부분 東便(동편) : 동쪽 편	
290	放 놓을 방	放 ㄈㄤˋ(팡)	放 fàng(팡)	放 ほう(호우)
	` 亠 亠 方 方 扩 扩 放 放 •부수 攵 •총 8획 •급수 6급			
	放 放 放 放		放置(방치) : 그냥 내버려둠 放牧(방목) : 가축을 풀어놓고 기름	
291	官 벼슬 관	官 ㄍㄨㄢ(관)	官 guān(관)	官 かん(간)
	` ` 宀 宀 宀 宀 官 官 •부수 宀 •총 8획 •급수 4급Ⅱ			
	官 官 官 官		官廳(관청) : 국가 사무를 맡아보는 기관 官營(관영) : 정부가 사업을 경영함	
292	爭 다툴 쟁	爭 ㄓㄥ(정)	争 zhēng(정)	争 そう(소우)
	` ´ ´´ ´´´ 乎 乎 爭 •부수 爪 •총 8획 •급수 5급			
	爭 爭 爭 爭		紛爭(분쟁) : 서로 시끄럽게 다툼 抗爭(항쟁) : 상대에 맞서 싸움	

한국	중국 번체자	중국 간체자	일본 약자
取	取	取	取
취할 취	くゆˇ(취)	qǔ(취)	しゅ(슈)

一 ㄷ ㅌ ㅌ ㅌ 耳 取 取 • 부수 又 • 총 8획 • 급수 4급Ⅱ

取扱(취급) : 사물을 다루는 일
取得(취득) : 자기의 소유물로 만듦

한국	중국 번체자	중국 간체자	일본 약자
育	育	育	育
기를 육	ㄩˋ(위)	yù(위)	いく(이쿠)

ㅡ ㅗ ㅗ ㅗ ㅊ 育 育 育 • 부수 月 • 총 8획 • 급수 7급

育成(육성) : 길러냄
育兒(육아) : 어린 아이를 기름

한국	중국 번체자	중국 간체자	일본 약자
直	直	直	直
곧을 직	ㄓˊ(즈)	zhí(즈)	ちょく(조쿠)

一 十 十 十 古 直 直 直 • 부수 目 • 총 8획 • 급수 7급

直線(직선) : 곧은 선
直前(직전) : 어떤 일이 일어나기 바로 전

한국	중국 번체자	중국 간체자	일본 약자
治	治	治	治
다스릴 치	ㄓˋ(즈)	zhì(즈)	ち(지)

丶 丶 氵 氵 治 治 治 治 • 부수 氵 • 총 8획 • 급수 4급Ⅱ

治痰(치담) : 담이 생기는 병을 다스림
治療(치료) : 병을 고침

	한국	중국 번체자	중국 간체자	일본 약자
297	金 성 김	金 ㄐㄧㄣ(진)	金 jīn(진)	金 きん(긴)

ノ 人 人 仐 仐 余 余 金 • 부수 金 • 총 8획 • 급수 8급

金 金 金 金　金閣(금각) : 황금으로 장식한 누각
　　　　　　　　金柑(금감) : 밀감(蜜柑)의 변종

	한국	중국 번체자	중국 간체자	일본 약자
298	受 받을 수	受 ㄕㄡˋ(서우)	受 shòu(서우)	受 じゅ(주)

ノ ニ ニ ニ ニ 严 受 受 • 부수 又 • 총 8획 • 급수 4급 II

受 受 受 受　受檢(수검) : 검사나 검정을 받음.
　　　　　　　　受難(수난) : 어려운 일을 당함.

	한국	중국 번체자	중국 간체자	일본 약자
299	非 아닐 비	非 ㄈㄟ(페이)	非 fēi(페이)	非 ひ(히)

丨 丿 丿 킈 킈 非 非 非 • 부수 非 • 총 8획 • 급수 4급 II

非 非 非 非　是非(시비) : 옳으니 그르니 하는 말다툼
　　　　　　　　非行(비행) : 잘못되거나 그릇된 행위

	한국	중국 번체자	중국 간체자	일본 약자
300	油 기름 유	油 ㄧㄡˊ(유)	油 yóu(유)	油 ゆ(유)

丶 丶 氵 汈 汩 油 油 • 부수 氵 • 총 8획 • 급수 6급

油 油 油 油　油性(유성) : 기름의 성질
　　　　　　　　油脂(유지) : 동물이나 식물에서 짜낸 기름

한국	중국 번체자	중국 간체자	일본 약자
林	林	林	林
수풀 림	ㄌㄧㄣˊ(린)	lín(린)	りん(린)

一 十 才 才 木 村 材 林 • 부수 木 • 총 8획 • 급수 7급

森林(삼림) : 나무가 빽빽하게 많이 있는 숲
儒林(유림) : 유학을 신봉하는 선비의 무리

301

한국	중국 번체자	중국 간체자	일본 약자
空	空	空	空
빌 공	ㄎㄨㄥ(쿵)	kōng(쿵)	くう(구우)

丶 丷 宀 宀 宀 空 空 空 • 부수 穴 • 총 8획 • 급수 7급

虛空(허공) : 텅 빈 공중
空中(공중) : 하늘과 땅 사이의 빈 곳

302

한국	중국 번체자	중국 간체자	일본 약자
往	往	往	往
갈 왕	ㄨㄤˇ(왕)	wǎng(왕)	おう(오우)

丿 ㇏ 彳 彳 彳 行 往 往 • 부수 彳 • 총 8획 • 급수 4급 Ⅱ

往年(왕년) : 지나간 해. 옛날
往來(왕래) : 오고 가고 함

303

한국	중국 번체자	중국 간체자	일본 약자
易	易	易	易
쉬울 이	ㄧˋ(이)	yì(이)	い(이)

丨 冂 冂 日 日 月 易 易 • 부수 日 • 총 8획 • 급수 4급

難易(난이) : 어려움과 쉬움
變易(변역) : 변하여 바꿈

304

	한국	중국 번체자	중국 간체자	일본 약자
305	京 서울 경	京 ㄐㄧㄥ(징)	京 jīng(징)	京 きょう(교우)

、 一 亠 产 亨 京 京 ・부수 亠 ・총 8획 ・급수 6급

歸京(귀경) : 서울로 돌아가거나 돌아옴
上京(상경) : 지방에서 서울로 올라감

306	服 옷 복	服 ㄈㄨˊ(푸)	服 fú(푸)	服 ふく(후쿠)

丿 几 月 月 月´ 肝 服 服 ・부수 月 ・총 8획 ・급수 6급

服務(복무) : 직무에 힘씀
服從(복종) : 남의 명령이나 의사에 따름

307	河 물 하	河 ㄏㄜˊ(허)	河 hé(허)	河 か(가)

、 丶 氵 氵 沪 沪 河 ・부수 氵 ・총 8획 ・급수 5급

河渠(하거) : 강과 개천을 통틀어 이르는 말
河川(하천) : 강과 시내를 아울러 이르는 말

308	若 같을 약	若 ㄖㄨㄛˋ(뤄)	若 ruò(뤄)	若 じゃく(자쿠)

一 十 艹 廾 芏 芒 若 若 ・부수 艹 ・총 9획 ・급수 3급Ⅱ

若干(약간) : ① 얼마 안 됨. ② 얼마쯤
若箇(약개) : ① 약간. ② 그 사람. 그 이

한국	중국 번체자	중국 간체자	일본 약자	
房	房	房	房	309
방 방	ㄈㄤˊ(팡)	fáng(팡)	ぼう(보우)	
`丶 ㇉ ㇏ 户 户 户 房 房` • 부수 户 • 총 8획 • 급수 6급				
房 房 房 房	房內(방내) : 방의 안 房中(방중) : 방 안. 절간의 안			
注	注	注	注	310
물 댈 주	ㄓㄨˋ(주)	zhù(주)	ちゅう(주우)	
`丶 丶 氵 氵 泞 注 注 注` • 부수 氵 • 총 8획 • 급수 6급				
注 注 注 注	注意(주의) : 마음에 새겨 두고 조심함 注油(주유) : 자동차 따위에 기름을 넣음			
英	英	英	英	311
꽃부리 영	ㄧㄥ(잉)	yīng(잉)	えい(에이)	
`一 卄 ꟷ 苎 苃 芇 英 英` • 부수 艹 • 총 8획 • 급수 6급				
英 英 英 英	英傑(영걸) : 뛰어난 인물 英明(영명) : 영특하고 총명함			
苦	苦	苦	苦	312
쓸 고	ㄎㄨˇ(쿠)	kǔ(쿠)	く(구)	
`一 卄 ꟷ 兯 芓 茾 苦 苦 苦` • 부수 艹 • 총 9획 • 급수 6급				
苦 苦 苦 苦	苦渴(고갈) : 목이 말라 괴로워하는 일 苦難(고난) : 괴로움과 어려움			

	한국	중국 번체자	중국 간체자	일본 약자
313	始 처음 시	始 ㄕˇ(스)	始 shǐ(스)	始 し(시)

ㄑ ㄑ 女 女 女 始 始 始 • 부수 女 • 총 8획 • 급수 6급

始作(시작): 처음으로 함
原始(원시): 원래의 처음

314	念 생각할 념	念 ㄋㄧㄢˋ(녠)	念 niàn(녠)	念 ねん(넨)

ノ 人 人 今 今 念 念 念 • 부수 心 • 총 8획 • 급수 5급

念讀(염독): 정신을 차리고 읽음
念頭(염두): 생각의 시초. 마음 속

315	武 굳셀 무	武 ㄨˇ(우)	武 wǔ(우)	武 ぶ(부)

一 二 干 千 our 正 武 武 • 부수 止 • 총 8획 • 급수 4급Ⅱ

武器(무기): 전쟁에서 쓰는 기구
武藝(무예): 武道에 따른 재주

316	例 법식 예	例 ㄌㄧˋ(리)	例 lì(리)	例 れい(레이)

ノ 亻 亻 伫 佟 伢 例 例 • 부수 人 • 총 8획 • 급수 6급

例擧(예거): 예를 듦
例規(예규): 관례와 규칙

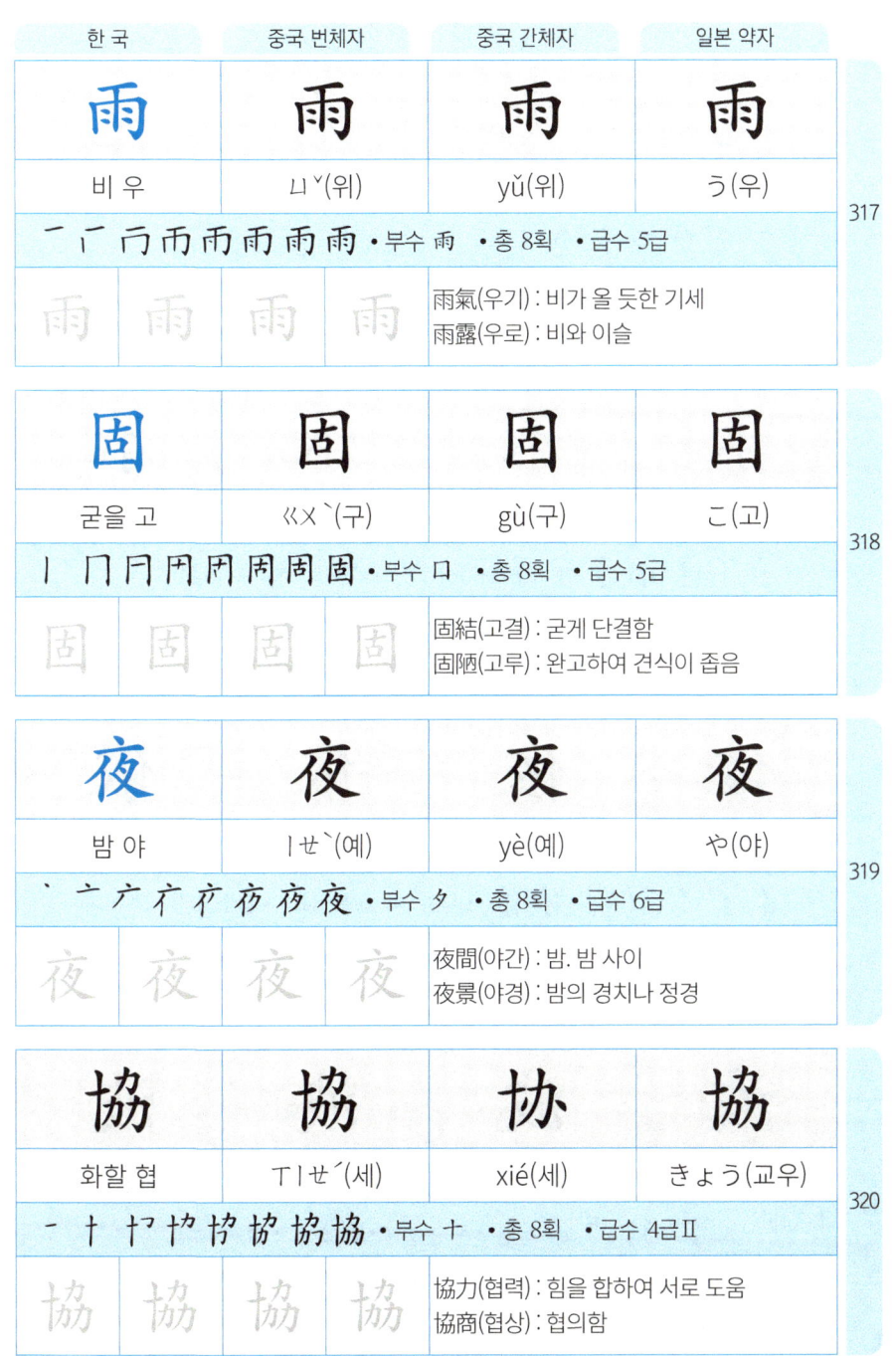

	한국	중국 번체자	중국 간체자	일본 약자
321	免 면할 면	免 ㄇㄧㄢˇ(미엔)	免 miǎn(미엔)	免 めん(멘)
	ノ ク ク タ 色 刍 免 ・부수 儿 ・총 8획 ・급수 3급			
	免 免 免 免	免稅(면세): 세금을 면제함 免責(면책): 책임이나 책망을 면함		
322	承 받들 승	承 ㄔㄥˊ(청)	承 chéng(청)	承 しょう(쇼우)
	ㄱ 了 了 孑 子 耳 承 承 ・부수 手 ・총 8획 ・급수 4급Ⅱ			
	承 承 承 承	承諾(승낙): 청하는 말을 들어주는 것 承服(승복): 잘 이해하여 복종함		
323	依 의지할 의	依 ㄧ(이)	依 yī(이)	依 い(이)
	ノ 亻 亻 仁 伫 佗 依 依 ・부수 人 ・총 8획 ・급수 4급			
	依 依 依 依	依賴(의뢰): 남에게 부탁함 依法(의법): 법의 정하여진 바에 따름		
324	波 물결 파	波 ㄅㄛ(보)	波 bō(보)	波 は(하)
	` ` 氵 氵 沪 沪 波 波 ・부수 氵 ・총 8획 ・급수 4급Ⅱ			
	波 波 波 波	波谷(파곡): 한 물결의 제일 낮은 위치 波濤(파도): 큰 물결		

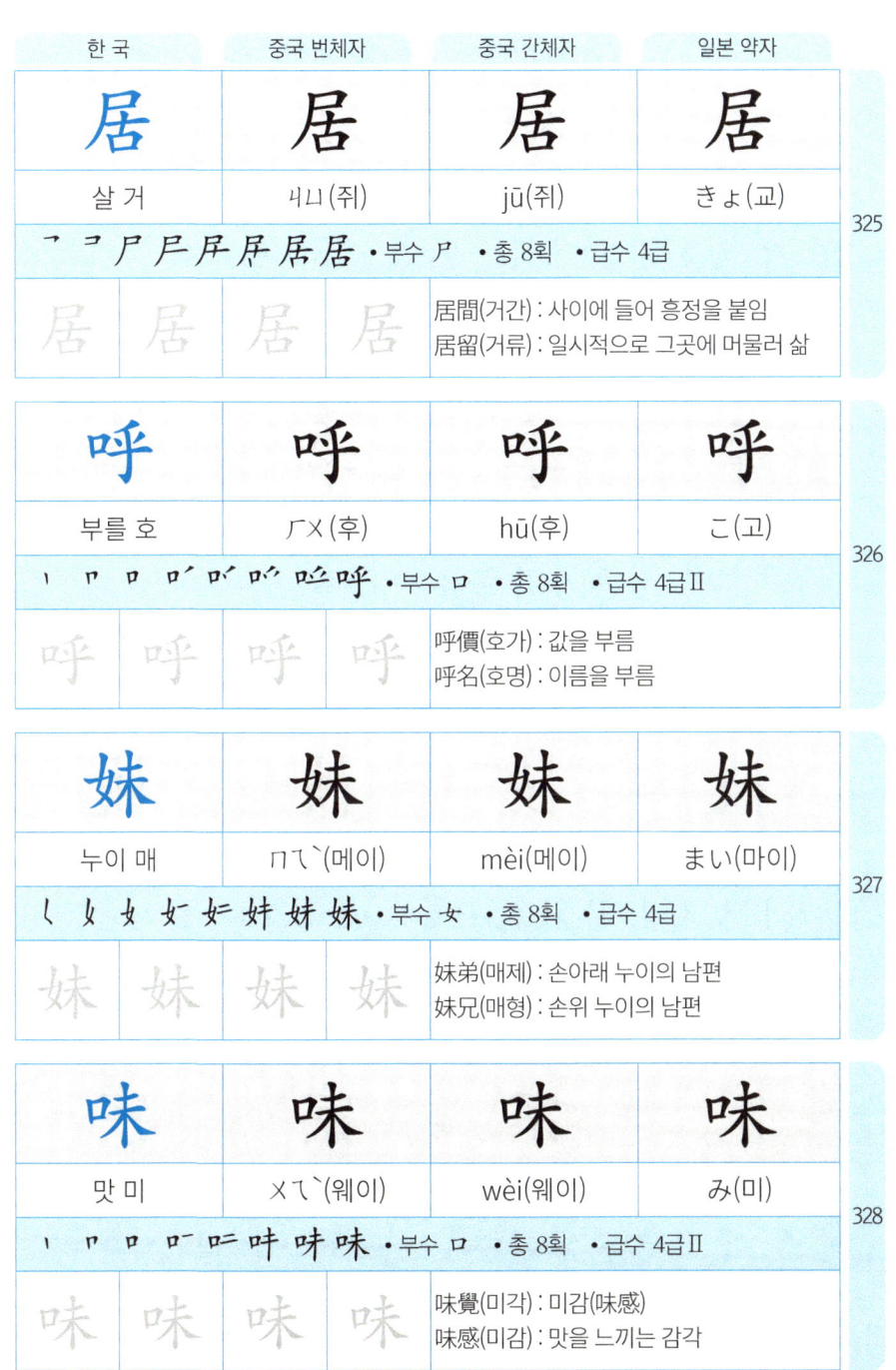

	한국	중국 번체자	중국 간체자	일본 약자
329	松 소나무 송	松 ㄙㄨㄥˊ(쑹)	松 sōng(쑹)	松 しょう(쇼우)

一 十 才 オ 朩 朩 松 松 • 부수 木 • 총 8획 • 급수 4급

松柏(송백) : 소나무와 잣나무
枯松(고송) : 말라 죽은 소나무

	한국	중국 번체자	중국 간체자	일본 약자
330	季 계절 계	季 ㄐㄧˋ(지)	季 jì(지)	季 き(기)

一 二 千 千 禾 禾 季 季 • 부수 子 • 총 8획 • 급수 4급

季刊(계간) : 1년에 네 번 간행하는 잡지
季冬(계동) : 음력 섣달(12월)

	한국	중국 번체자	중국 간체자	일본 약자
331	枝 가지 지	枝 ㄓ(즈)	枝 zhī.(즈)	枝 し(시)

一 十 才 オ 朩 朩 枝 枝 • 부수 木 • 총 8획 • 급수 3급

楊枝(양지) : 나무로 만든 이쑤시개
折枝(절지) : 나뭇가지를 꺾음

	한국	중국 번체자	중국 간체자	일본 약자
332	宗 마루 종	宗 ㄗㄨㄥ(쭝)	宗 zōng(쭝)	宗 しゅう(슈우)

丶 丶 宀 宀 宁 宇 宗 宗 • 부수 宀 • 총 8획 • 급수 4급Ⅱ

宗家(종가) : 한 문중의 본가
宗孫(종손) : 종가의 대를 이을 자손

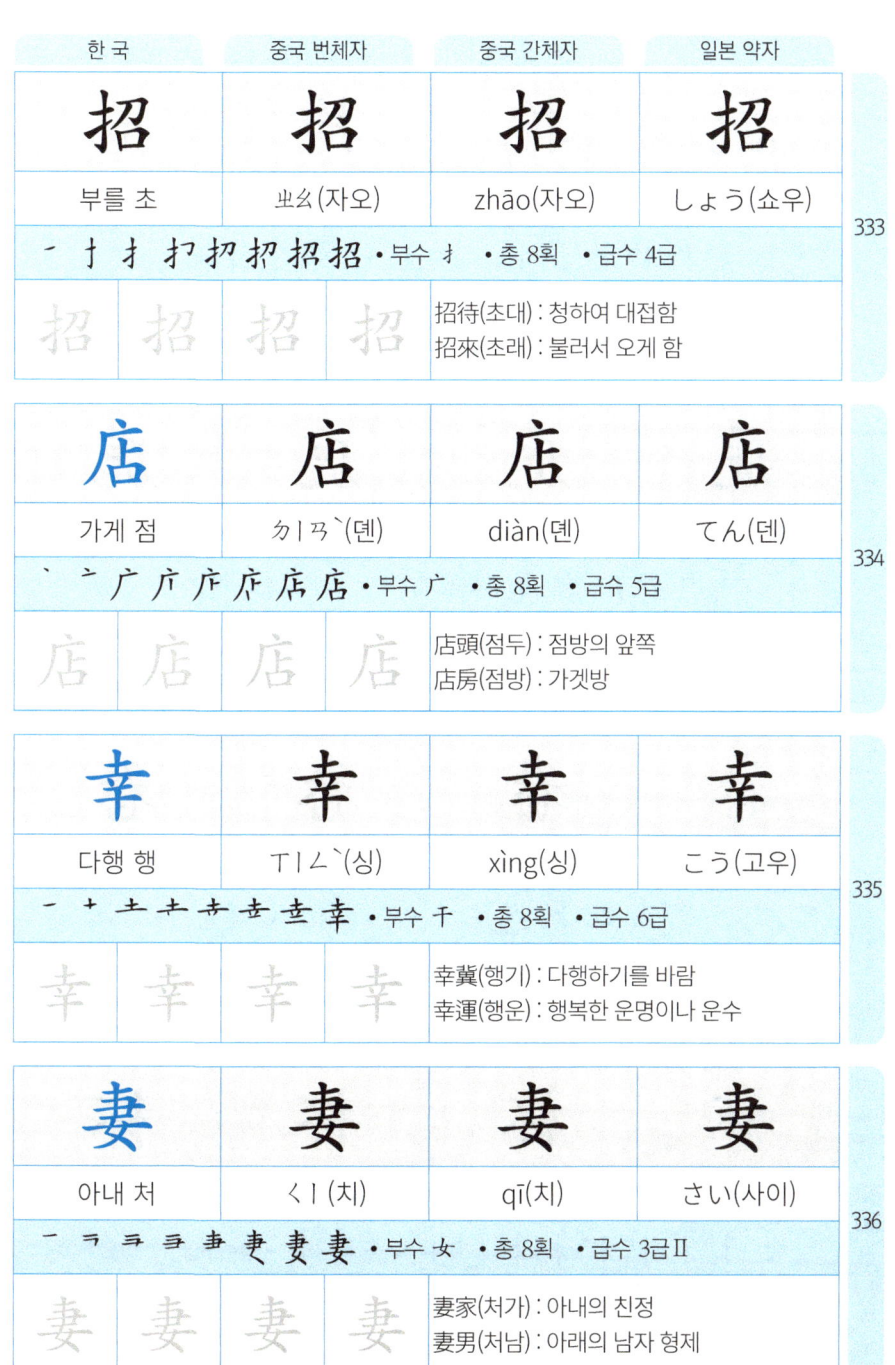

	한국	중국 번체자	중국 간체자	일본 약자
337	抱 안을 포	抱 ㄅㄠˋ(바오)	抱 bào(바오)	抱 ほう(호우)

一 十 扌 扌 扚 扚 抱 抱 • 부수 扌 • 총 8획 • 급수 3급

抱擁(포옹) : 품에 껴안음
抱腹(포복) : 아주 우스워서 배를 안고 웃음

	한국	중국 번체자	중국 간체자	일본 약자
338	虎 범 호	虎 ㄏㄨˇ(후)	虎 hū(후)	虎 こ(고)

丨 丨 ㅏ 广 虍 虍 虎 虎 • 부수 虍 • 총 8획 • 급수 3급Ⅱ

虎膽(호담) : 호랑이의 쓸개
虎骨(호골) : 호랑이의 뼈

	한국	중국 번체자	중국 간체자	일본 약자
339	卷 문서 권	卷 ㄐㄩㄢˇ(쥐안)	卷 juǎn(쥐안)	卷 かん(간)

丶 丷 䒑 𠆢 ⺨ 关 关 卷 卷 • 부수 㔾 • 총 8획 • 급수 4급

卷頭言(권두언) : 책의 머리말
卷髮(권발) : 고수머리

	한국	중국 번체자	중국 간체자	일본 약자
340	杯 잔 배	杯 ㄅㄟ(베이)	杯 bēi(베이)	杯 はい(하이)

一 十 扌 木 朩 朩 杯 杯 • 부수 木 • 총 8획 • 급수 3급

苦杯(고배) : 쓴 술잔
乾杯(건배) : 잔을 비움

한국	중국 번체자	중국 간체자	일본 약자
姓	姓	姓	姓
성 성	ㄒㄧㄥˋ(싱)	xìng(싱)	せい(세이)

`く 夕 女 女 女 姓 姓` •부수 女 •총 8획 •급수 7급

姓名(성명): 성과 이름
姓氏(성씨): 성의 존칭

한국	중국 번체자	중국 간체자	일본 약자
典	典	典	典
법 전	ㄉㄧㄢˇ(뎬)	diǎn(뎬)	てん(덴)

`丨 冂 冂 由 曲 曲 典 典` •부수 八 •총 8획 •급수 5급

典據(전거): 바른 증거
經典(경전): 종교의 교리를 적은 책

한국	중국 번체자	중국 간체자	일본 약자
彼	彼	彼	彼
저 피	ㄅㄧˇ(비)	bǐ(비)	ひ(히)

`ノ ノ 彳 彳 犭 犳 彼 彼` •부수 彳 •총 8획 •급수 3급Ⅱ

彼我(피아): 그와 나. 남과 자기
彼此(피차): 이것과 저것. 서로

한국	중국 번체자	중국 간체자	일본 약자
奉	奉	奉	奉
받들 봉	ㄈㄥˋ(펑)	fèng(펑)	ほう(호우)

`一 二 三 声 夫 表 耒 奉` •부수 大 •총 8획 •급수 5급

奉讀(봉독): 남의 글을 받들어 읽음
奉祿(봉록): 제후가 받는 봉미(俸米)

	한국	중국 번체자	중국 간체자	일본 약자
345	舍 집 사	舍 ㄕㄜˋ(서)	舍 shè(서)	舍 しゃ(샤)

丿 人 스 슥 全 仐 舍 舍 • 부수 舌 • 총 8획 • 급수 4급Ⅱ

舍監(사감) : 기숙사에서 감독하는 사람
舍館(사관) : 여관

	한국	중국 번체자	중국 간체자	일본 약자
346	叔 아재비 숙	叔 ㄕㄨ(수)	叔 shū(수)	叔 しゅく(슈쿠)

丨 卜 上 キ 卡 末 叔 叔 • 부수 又 • 총 8획 • 급수 4급

叔母(숙모) : 숙부의 아내
叔伯(숙백) : 아우와 형

	한국	중국 번체자	중국 간체자	일본 약자
347	忠 충성 충	忠 ㄓㄨㄥ(중)	忠 zhōng(중)	忠 ちゅう(주우)

丶 冂 口 中 忠 忠 忠 忠 • 부수 心 • 총 8획 • 급수 4급Ⅱ

忠告(충고) : 충심으로 남의 허물을 경계함
忠君(충군) : 임금에게 충성을 다함

	한국	중국 번체자	중국 간체자	일본 약자
348	宙 집 주	宙 ㄓㄡˋ(저우)	宙 zhòu(저우)	宙 ちゅう(주우)

丶 宀 宀 宀 宙 宙 宙 • 부수 宀 • 총 8획 • 급수 3급Ⅱ

宇宙界(우주계) : 우주의 영역
宙合樓(주합루) : 창덕궁 안의 한 루

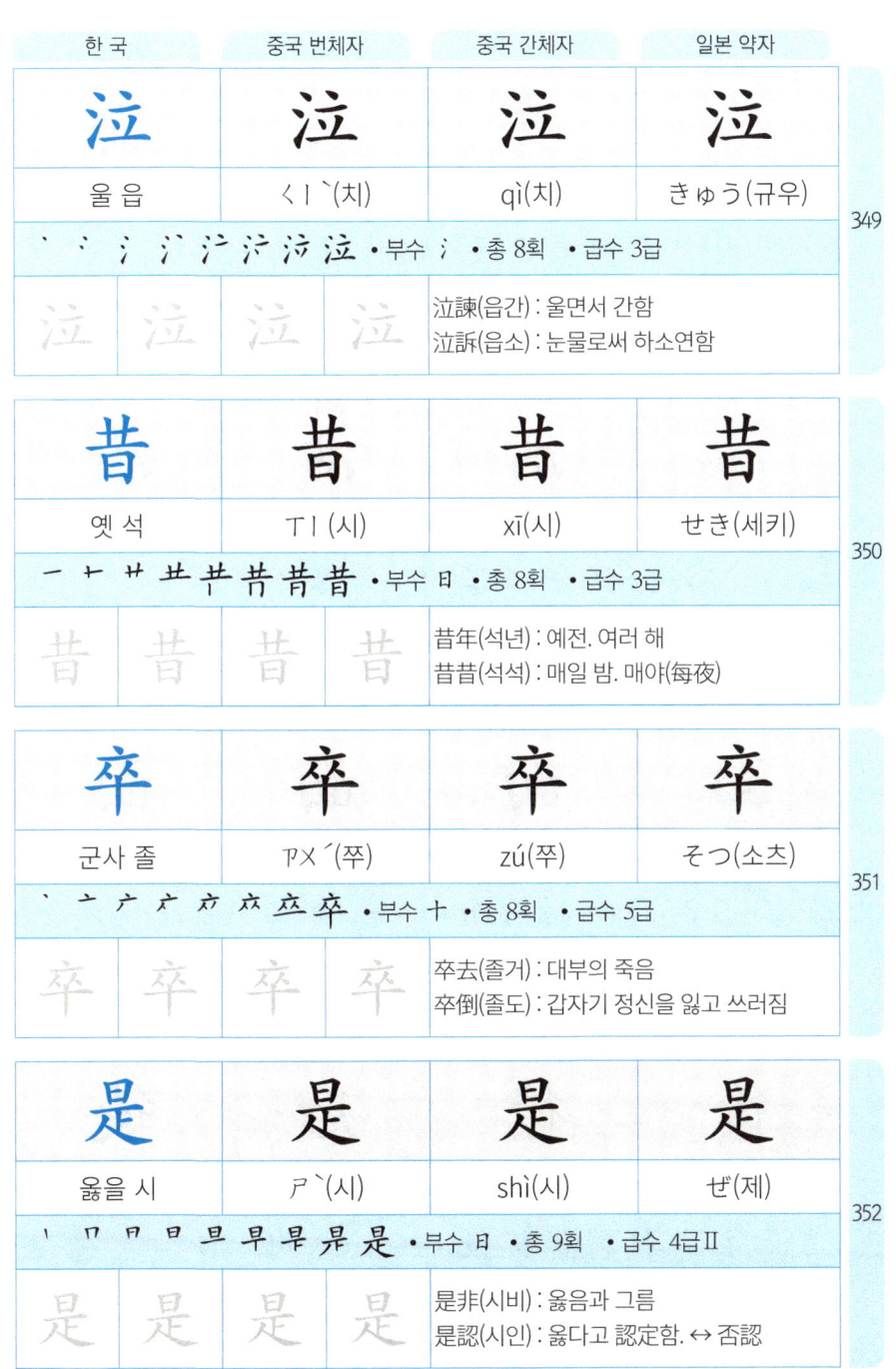

	한국	중국 번체자	중국 간체자	일본 약자
353	要 중요할 요	要 ㅣㄠˋ(야오)	要 yào(야오)	要 よう(요우)

一 一 一 一 両 两 要 要 要 • 부수 襾 • 총 9획 • 급수 5급

要綱(요강): 중요한 근본되는 사항
要件(요건): 중요한 용건

	한국	중국 번체자	중국 간체자	일본 약자
354	活 살 활	活 ㄏㄨㄛˊ(훠)	活 huó(훠)	活 かつ(가츠)

丶 丶 氵 氵 汗 汗 汗 活 活 • 부수 氵 • 총 9획 • 급수 7급

活氣(활기): 활발한 생기
活路(활로): 살아날 길

	한국	중국 번체자	중국 간체자	일본 약자
355	面 낯 면	面 ㄇㄧㄢˋ(미엔)	面 miàn(미엔)	面 めん(멘)

一 一 一 一 丙 丙 而 面 面 • 부수 面 • 총 9획 • 급수 7급

面鏡(면경): 얼굴을 비치는 작은 거울
面談(면담): 면대하여 이야기함

	한국	중국 번체자	중국 간체자	일본 약자
356	後 뒤 후	後 ㄏㄡˋ(허우)	后 hòu(허우)	後 こう(고우)

丿 丿 彳 彳 彳 彳 彳 後 後 • 부수 彳 • 총 9획 • 급수 7급

後覺(후각): 남보다 나중에 깨닫는 사람
後家(후가): 두 번째 시집가는 일

한국	중국 번체자	중국 간체자	일본 약자	
看	看	看	看	
볼 간	ㄎㄢˋ(칸)	kàn(칸)	かん(간)	357

一 二 三 チ 禾 看 看 看 看 • 부수 目 • 총 9획 • 급수 4급

看儉(간검) : 잘 살펴 검사함
看經(간경) : 불경을 봄

前	前	前	前	
앞 전	ㄑㄧㄢˊ(첸)	qián(첸)	ぜん(젠)	358

丶 ソ ソ 广 疒 疒 前 前 前 • 부수 刂 • 총 9획 • 급수 7급

前科(전과) : 이전에 범한 죄과
前導者(전도자) : 선도자(先導者)

政	政	政	政	
정사 정	ㅛㄥˋ(정)	zhèng(정)	せい(세이)	359

一 T F 正 正 正 政 政 • 부수 攵 • 총 8획 • 급수 4급Ⅱ

政綱(정강) : 정치의 강령(綱領)
政客(정객) : 정치계에서 활동하는 사람

度	度	度	度	
법도 도	ㄉㄨˋ(두)	duó(두)	ど(도)	360

丶 广 广 广 广 庐 庐 庋 度 • 부수 广 • 총 9획 • 급수 6급

度量(도량) : 자(尺)와 말(斗)
度數(도수) : 거듭하는 회수

한국	중국 번체자	중국 간체자	일본 약자
重	重	重	重
무거울 중	ㄓㄨㄥˋ(중)	zhòng(중)	じゅう(주우)

361 一 二 三 台 台 首 重 重 重 •부수 里 •총 9획 •급수 7급

重要(중요) : 소중하고 요긴함
體重(체중) : 몸의 무게

한국	중국 번체자	중국 간체자	일본 약자
相	相	相	相
서로 상	ㄒㄧㄤ(상)	xiāng(상)	そう(쏘우)

362 一 十 才 木 朴 机 和 相 相 •부수 目 •총 9획 •급수 5급

相見(상견) : 서로 봄
相關(상관) : 서로 관련을 가짐

한국	중국 번체자	중국 간체자	일본 약자
便	便	便	便
편할 편	ㄅㄧㄢˋ(볜)	biàn(볜)	べん(벤)

363 丿 亻 亻 亻 佢 佢 佢 便 便 •부수 亻 •총 9획 •급수 7급

便器(변기) : 대소변을 받아내는 그릇
便利(편리) : 형편이 좋음

한국	중국 번체자	중국 간체자	일본 약자
軍	軍	军	軍
군사 군	ㄐㄩㄣ(쥔)	jūn(쥔)	ぐん(군)

364 丶 冖 冖 冖 冒 冒 冒 軍 •부수 車 •총 9획 •급수 8급

軍犬(군견) : 군사상의 필요로 쓰는 개
軍警(군경) : 군대와 경찰

	한국	중국 번체자	중국 간체자	일본 약자
369	計 생활 계	計 jì(지)	计 jì(지)	計 けい(게에)

丶 亠 亠 言 言 言 言 計 計 •부수 言 •총 9획 •급수 6급

計巧(계교) : 여러모로 생각하여 낸 꾀
設計(설계) : 계획을 세움

370	界 지경 계	界 jiè(제)	界 jiè(제)	界 かい(가이)

丶 口 日 日 田 甲 里 界 界 •부수 田 •총 9획 •급수 6급

界樂(계락) : 가곡의 한가지
界面(계면) : 두 가지 사물의 경계의 면

371	海 바다 해	海 hǎi(하이)	海 hǎi(하이)	海 かい(가이)

丶 丶 氵 氵 汇 汇 海 海 海 海 •부수 氵 •총 10획 •급수 7급

海洋(해양) : 큰 바다
海賊(해적) : 바다에서 활동하는 도적

372	思 생각할 사	思 sī(쓰)	思 sāi(쓰)	思 し(시)

丶 口 日 日 田 思 思 思 思 •부수 心 •총 9획 •급수 5급

思念(사념) : 마음속으로 생각함
思考(사고) : 생각. 궁리

한 국	중국 번체자	중국 간체자	일본 약자	
品	品	品	品	373
물건 품	ㄆㄧㄣˇ(핀)	pǐn(핀)	ひん(힌)	
丨 丨 ㅁ ㅁ 므 品 品 品 品 •부수 口 •총 9획 •급수 5급				
品	品	品	品	品階(품계) : 직품과 관계(官階) 品等(품등) : 품위와 등급. 품위의 등급

指	指	指	指	374
손가락 지	ㄓˇ(즈)	zhǐ(즈)	し(시)	
一 十 扌 扌 扌 护 拃 指 指 •부수 扌 •총 9획 •급수 4급Ⅱ				
指	指	指	指	指導(지도) : 가르쳐 인도함 指示(지시) : 어떤 일을 일러서 시킴

科	科	科	科	375
과목 과	ㄎㄜ(커)	kē(커)	か(가)	
一 二 千 千 禾 禾 秆 科 科 •부수 禾 •총 9획 •급수 6급				
科	科	科	科	科客(과객) : 과거보러 가는 선비 科期(과기) : 과거를 보이거나 보는 시기

保	保	保	保	376
지킬 보	ㄅㄠˇ(바오)	bǎo(바오)	ほ(호)	
丿 亻 亻 亻 伊 伊 伴 保 保 •부수 人 •총 9획 •급수 4급Ⅱ				
保	保	保	保	保健(보건) : 건강을 보전함 保管(보관) : 보호관리의 약어

109

	한 국	중국 번체자	중국 간체자	일본 약자
377	則 법칙 칙	則 ㄗㄜˊ(쩌)	则 zé(쩌)	則 そく(소쿠)
	ㅣ ㄇ ㄇ 月 月 貝 貝 則 則 · 부수 刂 · 총 9획 · 급수 5급			
			則道(칙도) : 법칙. 법도 則效(칙효) : 본받음. 모범으로 삼음		
378	信 믿을 신	信 ㄒㄧㄣˋ(신)	信 xìn(신)	信 しん(신)
	ノ イ イ 亻 亻 信 信 信 信 · 부수 人 · 총 9획 · 급수 6급			
			信念(신념) : 굳게 믿어 의심하지 않는 마음 信徒(신도) : 종교를 믿는 사람들. 교도		
379	省 살필 성	省 ㄕㄥˇ(성)	省 shěng(성)	省 せい(세이)
	ㅣ ㅣ 小 少 少 省 省 省 省 · 부수 目 · 총 9획 · 급수 6급			
			省改(성개) : 스스로 반성하여 행동을 고침 省略(생략) : 간단하게 덜어서 줄		
380	風 바람 풍	風 ㄈㄥ(펑)	风 fēng(펑)	風 ふう(후우)
	ノ 几 几 凡 凨 凬 風 風 風 · 부수 風 · 총 9획 · 급수 6급			
			風格(풍격) : 고상한 인품 風客(풍객) : 중풍으로 병든 사람		

한국	중국 번체자	중국 간체자	일본 약자	
持	持	持	持	381
가질 지	ㄔˊ(츠)	chí(츠)	じ(지)	
一 十 扌 扌 扩 扩 拮 持 持 ・부수 扌 ・총 9획 ・급수 4급			
持 持 持 持	所持品(소지품) : 지니고 있는 물품 所持者(소지자) : 가지고 있는 사람			
約	約	约	約	382
맺을 약	ㄩㄝ(웨)	yuē(웨)	やく(야꾸)	
´ ´ ´ ´ ´ 糸 糸 約 約 ・부수 糸 ・총 9획 ・급수 5급			
約 約 約 約	約款(약관) : 약속하고 정한 조목 約盟(약맹) : 맹세하여 굳게 맺은 약속			
神	神	神	神	383
귀신 신	ㄕㄣˊ(선)	shén(선)	しん(신)	
` ´ ㆍ ネ ネ 和 和 和 神 ・부수 示 ・총 10획 ・급수 6급			
神 神 神 神	神格(신격) : 신으로서의 자격 精神(정신) : 영혼이나 마음			
甚	甚	甚	甚	384
심할 심	ㄕㄣˋ(선)	shèn(선)	じん(진)	
一 十 廿 甘 甘 其 其 其 甚 ・부수 甘 ・총 9획 ・급수 3급Ⅱ			
甚 甚 甚 甚	甚急(심급) : 지급(至急) 甚難(심난) : 매우 어려움			

	한국	중국 번체자	중국 간체자	일본 약자
385	飛 날 비	飛 ㄈㄟ(페이)	飞 fēi(페이)	飛 ひ(히)
	ㄟ ㄟ ㄟ ㄟ 飛 飛 飛 飛 •부수 飛 •총 9획 •급수 4급Ⅱ			
	飛 飛 飛 飛	飛禽(비금) : 날짐승 飛來(비래) : 날아서 옴		
386	食 밥 식	食 ㄕˊ(스)	食 shí(스)	食 しょく(쇼꾸)
	ノ 人 人 今 今 今 食 食 食 •부수 食 •총 9획 •급수 7급			
	食 食 食 食	食供(식공) : 음식을 제공함 食慾(식욕) : 음식을 먹고 싶어하는 욕구		
387	首 머리 수	首 ㄕㄡˇ(서우)	首 shǒu(서우)	首 しゅ(슈)
	` ´ ㄗ ㄗ ㄏ 首 首 首 首 •부수 首 •총 9획 •급수 5급			
	首 首 首 首	首肯(수긍) : 그렇다고 고개를 끄덕임 首腦(수뇌) : 중요한 자리에 있는 사람		
388	故 옛 고	故 ㄍㄨˋ(구)	故 gù(구)	故 こ(고)
	一 十 十 古 古 古 故 故 故 •부수 攵 •총 9획 •급수 4급Ⅱ			
	故 故 故 故	故國(고국) : 조상이 살던 고향인 나라 故意(고의) : 일부러 함		

	한국	중국 번체자	중국 간체자	일본 약자
393	紅 붉을 홍	紅 ㄏㄨㄥˊ(홍)	红 hóng(홍)	紅 こう(고우)
	ㄥ ㄥ ㄠ ㄠ ㄠ ㄠ 糸 糸 紅 紅 • 부수 糸　• 총 9획　• 급수 4급			
	紅　紅　紅　紅		粉紅(분홍) : 흰빛이 섞인 붉은빛 紅柹(홍시) : 아주 잘 익은 감	
394	城 재 성	城 ㄔㄥˊ(청)	城 chéng(청)	城 じょう(조우)
	一 十 土 圠 圻 城 城 城 • 부수 土　• 총 10획　• 급수 4급Ⅱ			
	城　城　城　城		城壘(성루) : 성 바깥 둘레의 흙담 城壁(성벽) : 성곽의 벽	
395	客 손 객	客 ㄎㄜˋ(커)	客 kè(커)	客 きゃく(갸꾸)
	丶 宀 宀 宀 宀 灾 灾 客 客 • 부수 宀　• 총 9획　• 급수 5급			
	客　客　客　客		賀客(하객) : 축하하러 온 손님 旅客(여객) : 여행을 하는 사람	
396	屋 집 옥	屋 ㄨ(우)	屋 wū(우)	屋 おく(오꾸)
	一 ㄱ 尸 尸 尸 屋 屋 屋 • 부수 尸　• 총 9획　• 급수 5급			
	屋　屋　屋　屋		屋內(옥내) : 실내(室內) 屋壁(옥벽) : 집의 벽	

한국	중국 번체자	중국 간체자	일본 약자	
律	律	律	律	
법률	ㄌㄩˋ(뤼)	lǜ(뤼)	りつ(리츠)	397

丶ㄥ彳彳彳彳律律律 •부수 彳 •총 9획 •급수 4급Ⅱ

律格(율격): 격식. 규격
律動(율동): 규칙적인 운동

施	施	施	施	
베풀 시	ㄕ(스)	shī(스)	し(시)	398

丶ㄥ方方方方施施施 •부수 方 •총 9획 •급수 4급Ⅱ

施工(시공): 공사를 시행함
施賞(시상): 상품 또는 상금을 줌

急	急	急	急	
급할 급	ㄐㄧˊ(지)	jí(지)	きゅう(규우)	399

丿ㄏㄡㄡ刍急急急 •부수 心 •총 9획 •급수 6급

急減(급감): 급히 줄어듦
急降下(급강하): 급속히 내림

星	星	星	星	
별 성	ㄒㄧㄥ(싱)	xīng(싱)	せい(세이)	400

丶ㄇ口日旦早星星 •부수 日 •총 9획 •급수 4급Ⅱ

星宿(성수): 별의 한 묶음의 단위
星座(성좌): 별자리

	한국	중국 번체자	중국 간체자	일본 약자
401	帝 임금 제	帝 ㄉㄧˋ(디)	帝 dì(디)	帝 てい(데이)
	`丶亠𠫓𠫓产产帝帝` • 부수 巾 • 총 9획 • 급수 4급			
			帝國(제국) : 황제가 통치하는 나라 帝命(제명) : 황제의 명령	

	한국	중국 번체자	중국 간체자	일본 약자
402	待 기다릴 대	待 ㄉㄞˋ(다이)	待 dài(다이)	待 たい(다이)
	`ノ ィ 彳 彳 彳 件 件 待 待` • 부수 彳 • 총 9획 • 급수 6급			
			待令(대령) : 명령을 기다림 待遇(대우) : 신분에 맞게 대접함	

	한국	중국 번체자	중국 간체자	일본 약자
403	春 봄 춘	春 ㄔㄨㄣ(춘)	春 chūn(춘)	春 しゅん(슌)
	`一 二 三 声 夫 夫 春 春 春` • 부수 日 • 총 9획 • 급수 7급			
			春間(춘간) : 봄 사이 春府丈(춘부장) : 남의 아버지의 존칭	

	한국	중국 번체자	중국 간체자	일본 약자
404	限 한정할 한	限 ㄒㄧㄢˋ(센)	限 xiàn(센)	限 げん(겐)
	`丨 阝 阝 阝 阝 阝 限 限` • 부수 阝 • 총 9획 • 급수 4급Ⅱ			
			限界(한계) : 사물의 정해 놓은 범위 限度(한도) : 일정하게 정해진 정도	

한국	중국 번체자	중국 간체자	일본 약자	
室	室	室	室	405
집 실	ㄕˋ(스)	shì(스)	しつ(시츠)	
丶 丶 宀 宁 宕 宏 室 窂 室 ・부수 宀 ・총 9획 ・급수 8급				
室 室 室 室	室內(실내) : 방의 안 室外(실외) : 방의 바깥			
香	香	香	香	406
향기 향	ㄒㄧㄤ(샹)	xiāng(샹)	こう(고우)	
丿 一 千 チ 禾 禾 香 香 香 ・부수 香 ・총 9획 ・급수 4급 II				
香 香 香 香	香氣(향기) : 향기로운 냄새 香爐(향로) : 향 피우는 데 쓰는 화로			
退	退	退	退	407
물러날 퇴	ㄊㄨㄟˋ(투이)	tuì(투이)	たい(다이)	
丨 ヨ ヨ 艮 艮 艮 艮 退 退 ・부수 辶 ・총 9획 ・급수 4급 II				
退 退 退 退	退却(퇴각) : 뒤로 물러나감 退校(퇴교) : 퇴학(退學)			
祖	祖	祖	祖	408
조상 조	ㄗㄨˇ(쭈)	zǔ(쭈)	そ(소)	
丶 ㄱ ネ ネ 衤 衬 衬 衬 祖 祖 ・부수 示 ・총 10획 ・급수 7급				
祖 祖 祖 祖	祖考(조고) : 돌아가신 할아버지 祖廟(조묘) : 선조를 모신 사당			

	한국	중국 번체자	중국 간체자	일본 약자
409	威 위엄 위	威 ㄨㄟ(웨이)	威 wēi(웨이)	威 い(이)

一厂厂厅反反威威威 • 부수 女 • 총 9획 • 급수 4급

威名(위명) : 위력을 떨치는 명성
威武(위무) : 위엄과 무력

	한국	중국 번체자	중국 간체자	일본 약자
410	洞 마을 동	洞 ㄉㄨㄥˋ(동)	洞 dòng(동)	洞 どう(도우)

丶丶氵氵氵汀洞洞洞 • 부수 氵 • 총 9획 • 급수 7급

洞里(동리) : 마을, 동네
洞察(통찰) : 온통 밝히여 살핌

	한국	중국 번체자	중국 간체자	일본 약자
411	洗 씻을 세	洗 ㄒㄧˇ(시)	洗 xǐ(시)	洗 せん(센)

丶丶氵氵氵汁汁洪洗 • 부수 氵 • 총 9획 • 급수 5급

洗練(세련) : 인격이 원만하고 고상해짐
洗手(세수) : 손을 씻음 또는 얼굴을 씻음

	한국	중국 번체자	중국 간체자	일본 약자
412	昨 어제 작	昨 ㄗㄨㄛˊ(쭤)	昨 zuó(쭤)	昨 さく(사꾸)

丨冂日日日ᵗ昨昨昨 • 부수 日 • 총 9획 • 급수 6급

昨(작금) : 어제와 오늘, 요즈음
昨晩(작만) : 어젯 저녁, 어젯 밤

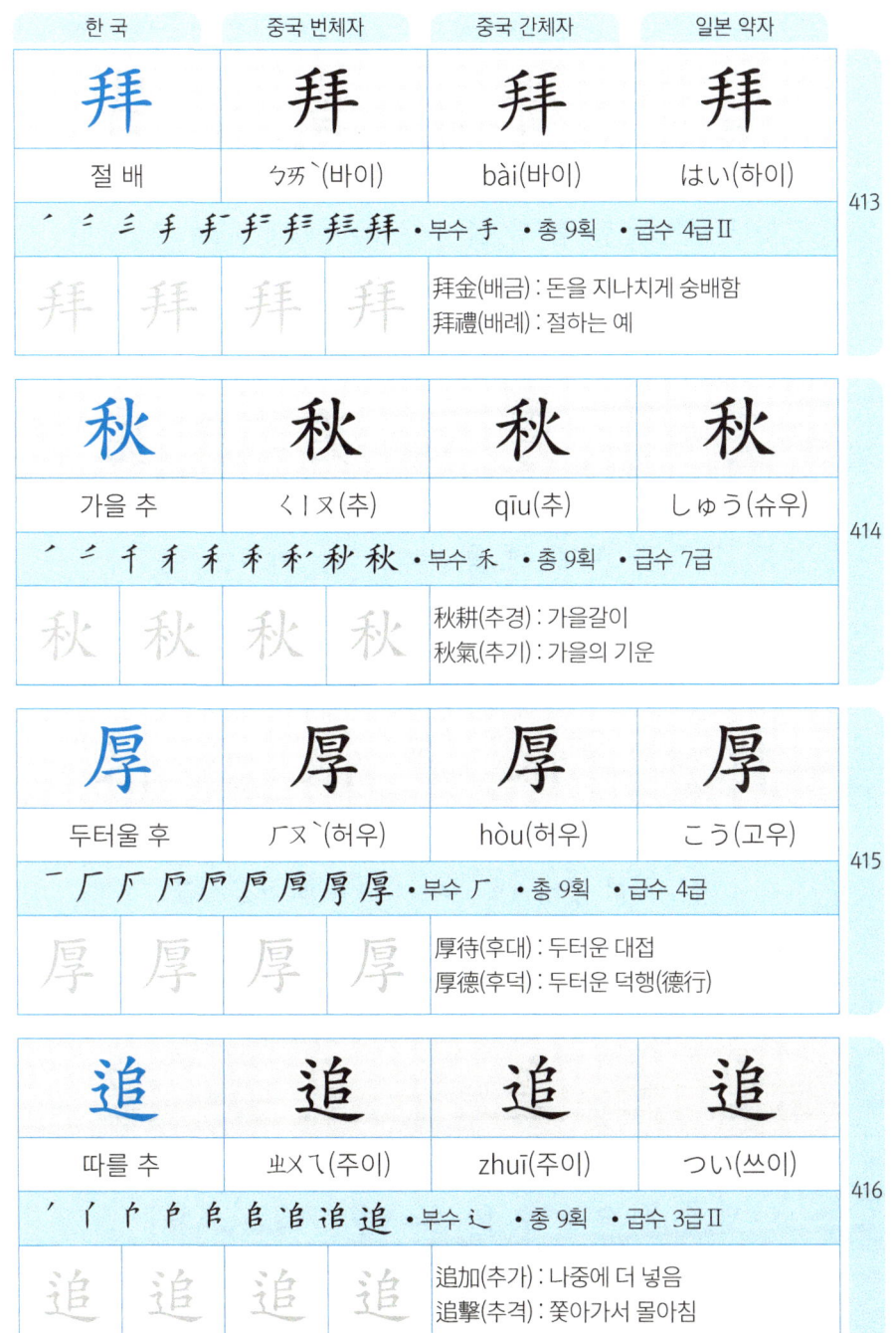

	한국	중국 번체자	중국 간체자	일본 약자
417	皆 다 개	皆 ㄐㄧㄝ(제)	皆 jiē(제)	皆 かい(가이)
	丶 ㅏ ㅏˊ 比 比 毕 毕 皆 皆 •부수 白 •총 9획 •급수 3급			
	皆 皆 皆 皆	皆骨山(개골산) : 금강산의 겨울 별칭 皆勤賞(개근상) : 개근을 표창하는 상		
418	勇 날쌜 용	勇 ㄩㄥˇ(용)	勇 yǒng(용)	勇 ゆう(유우)
	丶 ㄱ ㄷ 乃 丙 甬 甬 勇 勇 •부수 力 •총 9획 •급수 6급			
	勇 勇 勇 勇	勇氣(용기) : 씩씩하고 굳센 기운 勇斷(용단) : 어떤 일을 용기 있게 결단함		
419	恨 한 한	恨 ㄏㄣˋ(헌)	恨 hèn(헌)	恨 こん(곤)
	丶 丶 忄 忄 忄 忄 恨 恨 恨 •부수 忄 •총 9획 •급수 4급			
	恨 恨 恨 恨	恨鬼(한귀) : 원한을 품은 귀신 恨死(한사) : 원한을 품고 원통하게 죽음		
420	皇 임금 황	皇 ㄏㄨㄤˊ(황)	皇 huáng(황)	皇 こう(고우)
	丶 ㄱ 白 白 白 皇 皇 皇 •부수 白 •총 9획 •급수 3급Ⅱ			
	皇 皇 皇 皇	皇綱(황강) : 천자가 세상을 다스리는 법칙 皇考(황고) : 망부(亡父)의 존칭		

한 국	중국 번체자	중국 간체자	일본 약자	
怒	怒	怒	怒	421
성낼 노	ㄋㄨˋ(누)	nù(누)	ど(도)	
ㄑ ㄨ 女 如 奴 奴 怒 怒 怒 •부수 心 •총 9획 •급수 4급Ⅱ				
怒 怒 怒 怒	怒氣(노기) : 노여운 기색 怒濤(노도) : 무섭게 몰려오는 큰 파도			
俗	俗	俗	俗	422
풍속 속	ㄙㄨˊ(쑤)	sú(쑤)	ぞく(조꾸)	
ノ イ イ 亻 伀 伀 伀 俗 俗 •부수 人 •총 9획 •급수 4급Ⅱ				
俗 俗 俗 俗	世俗(세속) : 보통 사람들이 사는 사회 俗稱(속칭) : 통속적으로 일컬음			
祝	祝	祝	祝	423
빌 축	ㄓㄨˋ(주)	zhù(주)	しゅく(슈꾸)	
丶 ㄱ ㅓ ㅓ ネ ネ 和 祁 祁 祝 •부수 示 •총 10획 •급수 5급				
祝 祝 祝 祝	祝杯(축배) : 축하는 술잔 祝福(축복) : 앞길의 행복을 빎			
拾	拾	拾	拾	424
주울 십(습)	ㄕˊ(스)	shí(스)	しゅう(슈우)	
一 十 扌 扌 払 払 拾 拾 拾 •부수 扌 •총 9획 •급수 3급Ⅱ				
拾 拾 拾 拾	拾得(습득) : 무엇을 주워 얻음 拾遺(습유) : 떨어뜨린 것을 주움			

	한국	중국 번체자	중국 간체자	일본 약자
425	柳 버들 류(유)	柳 ㄌㄧㄡˇ(류)	柳 liǔ(류)	柳 りゅう(류우)

一 十 才 木 木' 杧 柯 枊 柳 ・부수 木 ・총 9획 ・급수 4급

柳眉(유미): 미인의 눈썹을 이르는 말
柳態(유태): 고운 맵시

	한국	중국 번체자	중국 간체자	일본 약자
426	泉 샘 천	泉 ㄑㄩㄢˊ(취안)	泉 quán(취안)	泉 せん(센)

' 亻 宀 白 白 宇 泉 泉 ・부수 水 ・총 9획 ・급수 4급

泉脈(천맥): 땅 속에 있는 물줄기
泉布(천포): 돈을 가리키는 말

	한국	중국 번체자	중국 간체자	일본 약자
427	柔 부드러울 유	柔 ㄖㄡˊ(러우)	柔 róu(러우)	柔 じゅう(주우)

一 マ 고 주 衣 圣 𢀖 柔 柔 ・부수 木 ・총 9획 ・급수 3급Ⅱ

剛柔(강유): 단단함과 부드러움
矯柔(교유): 결점을 고침

	한국	중국 번체자	중국 간체자	일본 약자
428	哀 슬플 애	哀 ㄞ(아이)	哀 āi(아이)	哀 あい(아이)

丶 亠 宀 古 吉 宔 宕 哀 ・부수 口 ・총 9획 ・급수 3급Ⅱ

哀歌(애가): 슬픈 마음을 읊조린 노래
哀乞(애걸): 슬프게 빎

한국	중국 번체자	중국 간체자	일본 약자	
怨	怨	怨	怨	429
원망할 원	ㄩㄢˋ(위안)	yuàn(위안)	えん(엔)	
ノクタ夕夗夗怨怨怨 • 부수 心 • 총 9획 • 급수 4급				
怨	怨	怨	怨	怨念(원념) : 원한을 품은 생각 怨聲(원성) : 원망하는 소리
逆	逆	逆	逆	430
거스를 역	ㄋㄧˋ(니)	nì(니)	ぎゃく(갸쿠)	
丶丷乂屰屰屰逆逆逆 • 부수 辶 • 총 9획 • 급수 4급Ⅱ					
逆	逆	逆	逆	逆徒(역도) : 역적들의 무리 逆旅(역려) : 여인을 맞이한다는 뜻
個	個	个	個	431
낱 개	ㄍㄜˋ(거)	gè(거)	こ(고)	
ノ亻亻们们個個個個個 • 부수 人 • 총 10획 • 급수 4급Ⅱ					
個	個	個	個	個性(개성) : 개인의 특유한 성질 個人(개인) : 자기 혼자
時	時	时	時	432
때 시	ㄕˊ(스)	shí(스)	じ(지)	
丨冂日日日⁺日⁺昨昨時時 • 부수 日 • 총 10획 • 급수 7급					
時	時	時	時	時期(시기) : 정해진 때 時勢(시세) : 시장 가격

	한국	중국 번체자	중국 간체자	일본 약자
433	能 능할 능	能 ㄋㄥˊ(넝)	能 néng(넝)	能 のう(노우)
	ㄥ ㄙ ㄅ 台 肯 肯 能 能 能 • 부수 月 • 총 10획 • 급수 5급			
	能 能 能 能		能當(능당) : 능히 감당함 能動(능동) : 제 마음에 내켜서 함	

	한국	중국 번체자	중국 간체자	일본 약자
434	家 집 가	家 ㄐㄧㄚ(자)	家 jiā(자)	家 か(가)
	ˋ ˊ 宀 宀 宁 宇 宇 家 家 家 • 부수 宀 • 총 10획 • 급수 7급			
	家 家 家 家		家系(가계) : 한 집안의 계통 家計(가계) : 한 집안의 생계	

	한국	중국 번체자	중국 간체자	일본 약자
435	起 일어날 기	起 ㄑㄧˇ(치)	起 qǐ(치)	起 き(기)
	一 十 土 キ キ 非 走 起 起 起 • 부수 走 • 총 10획 • 급수 4급Ⅱ			
	起 起 起 起		起動(기동) : 몸을 일으켜 움직임 起居(기거) : 일어서는 것과 앉는 것	

	한국	중국 번체자	중국 간체자	일본 약자
436	高 높을 고	高 ㄍㄠ(가오)	高 gāo(가오)	高 こう(고우)
	一 亠 宀 古 古 高 高 高 高 • 부수 高 • 총 10획 • 급수 6급			
	高 高 高 高		高價(고가) : 가격이 비쌈 高見(고견) : 높이 뛰어난 식견	

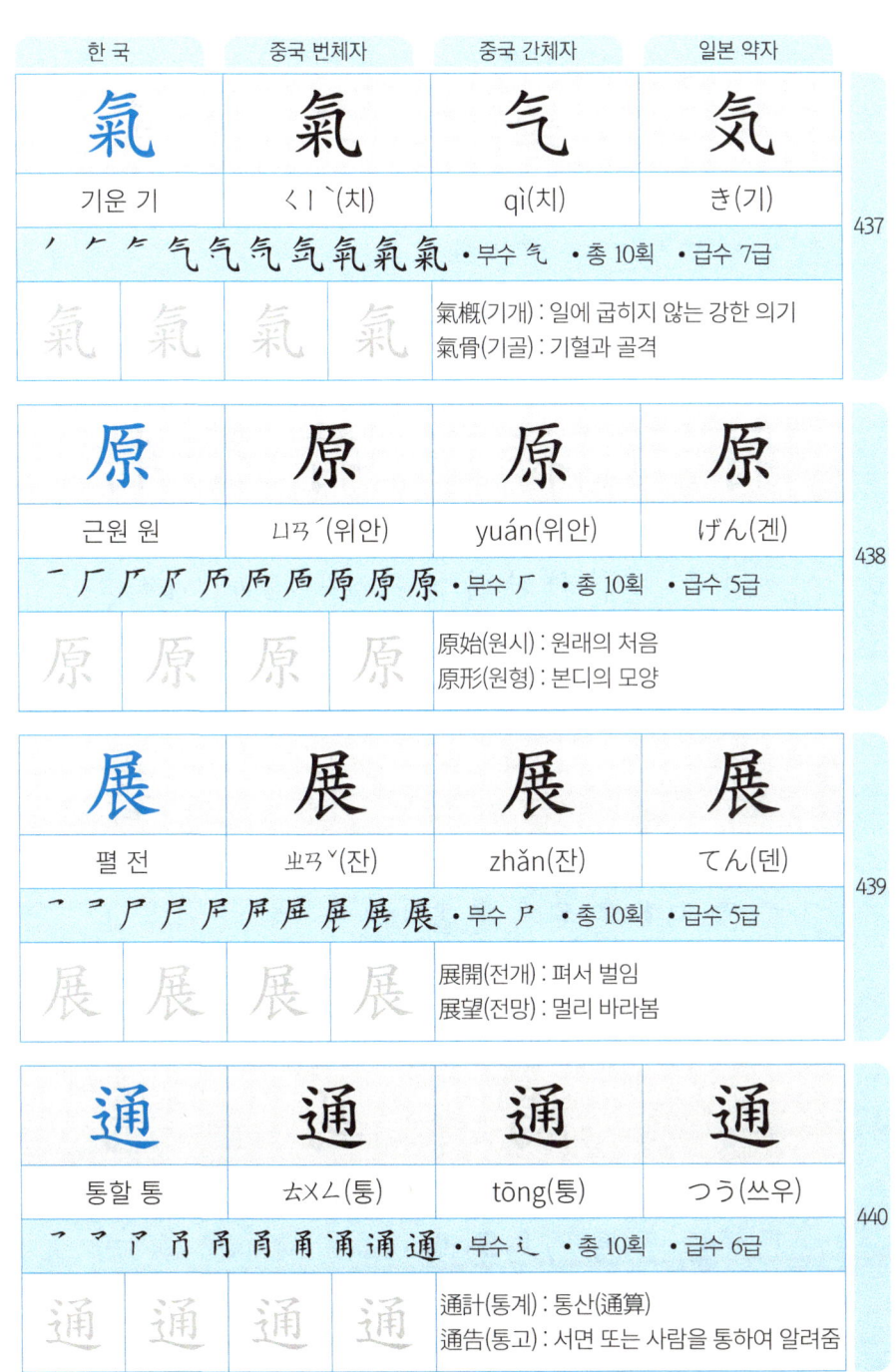

	한국	중국 번체자	중국 간체자	일본 약자
441	華 빛날 화	華 ㄏㄨㄚˊ(화)	华 huá(화)	華 か(가)
	`, + ++ ++ ++ ++ ++ ++ ++ 華 華 華` • 부수 ++ • 총 12획 • 급수 4급			
	華 華 華 華	華景(화경) : 음력 2월의 별칭 華僑(화교) : 외국에 있는 중국 사람		
442	特 특별할 특	特 ㄊㄜˋ(터)	特 tè(터)	特 とく(도쿠)
	`', 亠 牜 牛 牛 牜 牜 特 特 特` • 부수 牛 • 총 10획 • 급수 6급			
	特 特 特 特	特價(특가) : 특별히 싸게 매긴 값 特講(특강) : 특별히 베푸는 강의		
443	書 쓸 서	書 ㄕㄨ(수)	书 shū(수)	書 しょ(쇼)
	`¬ ¬ ㅋ ㅋ 聿 聿 書 書 書 書` • 부수 曰 • 총 10획 • 급수 6급			
	書 書 書 書	書簡(서간) : 편지 書堂(서당) : 한문을 가르치는 곳		
444	馬 말 마	馬 ㄇㄚˇ(마)	马 mǎ(마)	馬 ば(바)
	`l 厂 F F 馬 馬 馬 馬 馬` • 부수 馬 • 총 10획 • 급수 5급			
	馬 馬 馬 馬	馬脚(마각) : 겉치레하였던 본성 馬耕(마경) : 말을 부려서 논밭을 갊		

한국	중국 번체자	중국 간체자	일본 약자	
造	造	造	造	445
지을 조	(짜오)	zào(짜오)	ぞう(죠우)	
丶 亠 屮 牛 牛 告 告 告 浩 造 造 ・부수 辶 ・총 11획 ・급수 4급Ⅱ				
造 造 造 造		造端(조단) : 처음을 시작함 造物(조물) : 천지의 모든 물건을 만듦		
流	流	流	流	446
흐를 류(유)	ㄌㄧㄡˊ(류)	liú(류)	りゅう(류우)	
丶 丶 氵 氵 浐 浐 浐 浐 流 ・부수 氵 ・총 10획 ・급수 5급				
流 流 流 流		流丐(유개) : 거지 流竄(유찬) : 멀리 귀양을 보냄		
記	記	记	記	447
기록할 기	ㄐㄧˋ(지)	jì(지)	き(기)	
丶 亠 宀 言 言 言 記 記 記 ・부수 言 ・총 10획 ・급수 7급				
記 記 記 記		記念(기념) : 기억하여 잊지 않음 記錄(기록) : 어떠한 일을 적은 서류		
根	根	根	根	448
뿌리 근	ㄍㄣ(건)	gēn(건)	こん(곤)	
一 十 才 木 木 杧 杧 枦 根 根 ・부수 木 ・총 10획 ・급수 6급				
根 根 根 根		根幹(근간) : 뿌리와 줄기 根據(근거) : 근본이 되는 토대		

127

	한국	중국 번체자	중국 간체자	일본 약자
449	料 헤아릴 요(료)	料 ㄌㄧㄠˋ(랴오)	料 liào(랴오)	料 りょう(료우)

丶 丷 冫 ㅗ 半 米 米 料 • 부수 斗 • 총 10획 • 급수 5급

料金(요금) : 수수료로 주는 돈
料得(요득) : 헤아려 얻음

	한국	중국 번체자	중국 간체자	일본 약자
450	連 잇닿을 연(련)	連 ㄌㄧㄢˊ(롄)	连 lián(롄)	連 れん(롄)

一 ㄇ ㅁ 日 百 亘 車 車 連 連 連 • 부수 辶 • 총 11획 • 급수 4급Ⅱ

連結(연결) : 서로 이어서 맺음
連關(연관) : 관계를 맺음. 걸리어 얽힘

	한국	중국 번체자	중국 간체자	일본 약자
451	師 스승 사	師 ㄕ(스)	师 shī(스)	師 し(시)

丿 亻 ㅏ ㅑ 白 自 自 帥 師 師 • 부수 巾 • 총 10획 • 급수 4급Ⅱ

師君(사군) : 스승의 경칭
師團(사단) : 군대 편성의 한 단위

	한국	중국 번체자	중국 간체자	일본 약자
452	校 학교 교	校 ㄒㄧㄠˋ(샤오)	校 xiào(샤오)	校 こう(고우)

一 十 才 木 木 朼 朽 校 校 校

校閱(교열) : 어귀나 글자를 교정 검열함
校長(교장) : 학교장

한국	중국 번체자	중국 간체자	일본 약자	
席	席	席	席	453
자리 석	ㄒㄧˊ(시)	xí(시)	せき(세끼)	
丶亠广广广庐庐庐席席 •부수 巾 •총 10획 •급수 6급				
席 席 席 席		席次(석차) : 성적의 순서 席薦(석천) : 돗자리 방석		
病	病	病	病	454
병들 병	ㄅㄧㄥˋ(빙)	bìng(빙)	びょう(료우)	
丶亠广广疒疒疒病病病 •부수 疒 •총 10획 •급수 6급				
病 病 病 病		病暇(병가) : 병으로 인하여 얻은 휴가 病間(병간) : 병으로 앓는 동안		
笑	笑	笑	笑	455
웃을 소	ㄒㄧㄠˋ(샤오)	xiào(샤오)	しょう(쇼우)	
ノ 𠂉 𠂇 𥫗 𥫗 竺 竺 竿 笑 •부수 竹 •총 10획 •급수 4급Ⅱ				
笑 笑 笑 笑		笑談(소담) : 웃으면서 이야기함 笑聲(소성) : 웃음소리		
除	除	除	除	456
덜 제	ㄔㄨˊ(추)	chú(추)	じょ(조)	
丨 卩 𠂤 阝 阝 阽 阽 除 除 除 •부수 阝 •총 10획 •급수 4급Ⅱ				
除 除 除 除		除去(제거) : 떨어버림 除名(제명) : 명부에서 이름을 빼어버림		

	한국	중국 번체자	중국 간체자	일본 약자
457	速 빠를 속	速 ㄙㄨˋ(쑤)	速 sù(쑤)	速 そく(소쿠)
	一 厂 厂 冂 丐 束 束 束 凍 速 速 • 부수 辶 • 총 11획 • 급수 6급			
			速攻(속공) : 재빠른 동작으로 공격함 速記(속기) : 빨리 적음	
458	害 해칠 해	害 ㄏㄞˋ(하이)	害 hài(하이)	害 がい(가이)
	` ` 宀 宀 宀 宀 宰 宰 害 害 • 부수 宀 • 총 10획 • 급수 5급			
			害毒(해독) : 해치고 독을 끼침 害惡(해악) : 남을 해치는 악한 일	
459	消 꺼질 소	消 ㄒㄧㄠ(샤오)	消 xiāo(샤오)	消 しょう(쇼우)
	` ` 氵 氵 氵 氵 氵 消 消 消 • 부수 氵 • 총 10획 • 급수 6급			
			消却(소각) : 지워 버림 消費(소비) : 재화를 소모하는 일	
460	破 깨뜨릴 파	破 ㄆㄛˋ(포)	破 pò(포)	破 は(하)
	一 ㄏ ㄒ 石 石 矴 矴 砂 破 破 • 부수 石 • 총 10획 • 급수 4급Ⅱ			
			破却(파각) : 완전히 부숨 破鏡(파경) : 깨어진 거울	

한국	중국 번체자	중국 간체자	일본 약자
容	容	容	容
얼굴 용	ㄖㄨㄥˊ(룽)	róng(룽)	よう(요우)

`丶丶宀宀宀宀宂宂容容` • 부수 宀 • 총 10획 • 급수 4급Ⅱ

461

容器(용기) : 물건을 담아두는 그릇
容納(용납) : 너그러운 마음으로 들어줌

한국	중국 번체자	중국 간체자	일본 약자
修	修	修	修
닦을 수	ㄒㄧㄡ(수)	xiū(수)	しゅう(슈우)

`丿亻亻亻亻攸修修修修` • 부수 亻 • 총 10획 • 급수 4급Ⅱ

462

修交(수교) : 두 나라가 국교를 맺음
修養(수양) : 몸과 마음을 닦아 기름

한국	중국 번체자	중국 간체자	일본 약자
效	效	效	効
본받을 효	ㄒㄧㄠˋ(샤오)	xiào(샤오)	こう(고우)

`丶一ㄊ亠交交效效效` • 부수 攵 • 총 10획 • 급수 5급

463

效果(효과) : 좋은 결과. 성과(成果)
效力(효력) : 힘을 씀. 진력(盡力)함

한국	중국 번체자	중국 간체자	일본 약자
留	留	留	留
머무를 유(류)	ㄌㄧㄡˊ(류)	liú(류)	りゅう(류우)

`丶丶丆卯卯卯留留留留` • 부수 田 • 총 10획 • 급수 4급Ⅱ

464

留客(유객) : 손님을 머물게 함
留念(유념) : 마음에 기억하여 둠

	한국	중국 번체자	중국 간체자	일본 약자
465	致 이를 치	致 zhì(즈)	致 zhì(즈)	致 ち(지)

一 エ 工 조 조 조 조 조 致 致 • 부수 至 • 총 10획 • 급수 5급

致命(치명): 목숨을 바침
致富(치부): 부자가 됨

	한국	중국 번체자	중국 간체자	일본 약자
466	財 재물 재	財 cái(차이)	财 cái(차이)	財 ざい(자이)

丨 冂 冃 月 目 貝 貝 貝 財 財 • 부수 貝 • 총 10획 • 급수 5급

財力(재력): 재산에 의한 세력
財界(재계): 실업 및 금융계 인사의 사회

	한국	중국 번체자	중국 간체자	일본 약자
467	旅 군사 여(려)	旅 lǚ(뤼)	旅 lǚ(뤼)	旅 りょ(료)

丶 亠 方 方 方 㫃 㫃 旅 旅 • 부수 方 • 총 10획 • 급수 5급

旅客(여객): 여행하는 손님, 나그네
旅館(여관): 나그네를 묵게 하는 집

	한국	중국 번체자	중국 간체자	일본 약자
468	益 더할 익	益 yì(이)	益 yì(이)	益 えき(에끼)

丶 丷 亠 䒑 兴 关 益 益 益 • 부수 皿 • 총 10획 • 급수 4급Ⅱ

益壽(익수): 오래 삶, 장생함
益友(익우): 교제하여 자기에게 유익한 벗

	한국	중국 번체자	중국 간체자	일본 약자
	素	素	素	素
	본디 소	ㄙㄨˋ(쑤)	sù(쑤)	そ(소)

一 = 十 丰 主 丰 耒 素 素 素 • 부수 糸 • 총 10획 • 급수 4급Ⅱ

平素(평소) : 보통의 때나 여느 때
素服(소복) : 하얗게 차려입은 옷

	恩	恩	恩	恩
	은혜 은	ㄣ(언)	ēn(언)	おん(온)

丨 冂 冂 円 肉 因 因 恩 恩 恩 • 부수 心 • 총 10획 • 급수 4급Ⅱ

恩功(은공) : 은혜와 공로
恩德(은덕) : 은혜와 덕

	酒	酒	酒	酒
	술 주	ㄐㄧㄡˇ(주)	jiǔ(주)	しゅ(슈)

丶 丶 氵 汀 汀 洒 洒 酒 酒 酒 • 부수 酉 • 총 10획 • 급수 4급

酒家(주가) : 술집
酒客(주객) : 술을 좋아하는 사람

	降	降	降	降
	내릴 강/항복할 항	ㄐㄧㄤˋ(장)	jiàng(장)	こう(고우)

ㄱ 阝 阝 阹 阹 降 降 降 • 부수 阝 • 총 10획 • 급수 4급

降等(강등) : 등급이나 계급을 내림
降雪(강설) : 눈이 내림

	한국	중국 번체자	중국 간체자	일본 약자
473	案 책상 안	案 ㄢˋ(안)	案 àn(안)	案 あん(안)
	`、丶宀宁安安安案案案` • 부수 木 • 총 10획 • 급수 5급			
	案　案　案　案		供案(공안) : 죄인의 공술서 考案(고안) : 어떠한 안을 생각하여 냄	
474	紙 종이 지	紙 ㄓˇ(즈)	纸 zhǐ(즈)	紙 し(시)
	`ᄼ ᄾ ᄿ 幺 幺 糸 糸 紅 紙 紙` • 부수 糸 • 총 10획 • 급수 7급			
	紙　紙　紙　紙		紙價(지가) : 종이의 값 紙匣(지갑) : 종이로 만든 갑	
475	借 빌릴 차	借 ㄐㄧㄝˋ(제)	借 jiè(제)	借 しゃく(샤쿠)
	`丿 亻 仁 仁 件 件 借 借 借` • 부수 人 • 총 10획 • 급수 3급			
	借　借　借　借		借金(차금) : 돈을 빎 借款(차관) : 국제간의 자금의 대차	
476	殺 죽일 살	殺 ㄕㄚ(사)	杀 shā(사)	殺 さい(사이)
	`丿 乂 ㄨ 乑 杀 柔 紊 杀 殺 殺 殺` • 부수 殳 • 총 11획 • 급수 4급Ⅱ			
	殺　殺　殺　殺		殺伐(살벌) : 거동이 무시무시함 殺戮(살육) : 사람을 함부로 죽임	

한국	중국 번체자	중국 간체자	일본 약자	
射	射	射	射	
쏠 사	ㄕㄜˋ(서)	shè(서)	しゃ(샤)	477
′ ｲ ｒ ｒ 自 自 身 身 射 射 • 부수 寸 • 총 10획 • 급수 4급				
射 射 射 射		射殺(사살) : 활이나 총포로 쏘아 죽임 射手(사수) : 활, 총을 쏘는 사람		
針	針	针	針	
바늘 침	ㄓㄣ(전)	zhēn(전)	しん(신)	478
ノ 人 ㅅ 乍 乍 乍 金 金 金 針 • 부수 金 • 총 10획 • 급수 4급				
針 針 針 針		針工(침공) : 바느질의 기술 針孔(침공) : 바늘이 드나드는 구멍		
烈	烈	烈	烈	
세찰 열(렬)	ㄌㄧㄝˋ(례)	liè(례)	れつ(레츠)	479
一 ア ㄕ 歹 歹| 列 列 烈 烈 烈 • 부수 灬 • 총 10획 • 급수 4급				
烈 烈 烈 烈		烈女(열녀) : 정절(貞節)이 곧은 여자 烈女門(열녀문) : 열녀를 기리기 문		
訓	訓	训	訓	
가르칠 훈	ㄒㄩㄣˋ(쉰)	xùn(쉰)	くん(군)	480
′ 亠 亠 言 言 言 訓 訓 訓 • 부수 言 • 총 10획 • 급수 6급				
訓 訓 訓 訓		訓戒(훈계) : 타이름 訓誡(훈계) : 훈계(訓戒)		

	한국	중국 번체자	중국 간체자	일본 약자
481	夏 여름 하	夏 ㄒㄧㄚˋ(샤)	夏 xià(샤)	夏 か(가)

一 一 丁 丁 丆 百 百 頁 夏 夏 ・부수 夂 ・총 10획 ・급수 7급

夏臘(하랍): 중의 나이
夏服(하복): 여름에 입는 옷

	한국	중국 번체자	중국 간체자	일본 약자
482	骨 뼈 골	骨 ㄍㄨˇ(구)	骨 gǔ(구)	骨 こつ(고츠)

丨 冂 冖 咼 咼 骨 骨 骨 ・부수 骨 ・총 10획 ・급수 4급

骨格(골격): 뼈의 조직
骨董(골동): 골동품의 약어

	한국	중국 번체자	중국 간체자	일본 약자
483	孫 손자 손	孫 ㄙㄨㄣ(쑨)	孙 sūn(쑨)	孫 そん(손)

′ 了 孑 孑 孖 孫 孫 孫 孫 ・부수 子 ・총 10획 ・급수 6급

孫女(손녀): 아들의 딸
孫婦(손부): 손자의 아내

	한국	중국 번체자	중국 간체자	일본 약자
484	庭 뜰 정	庭 ㄊㄧㄥˊ(팅)	庭 tíng(팅)	庭 てい(데이)

、 一 广 广 庐 庄 庭 庭 ・부수 广 ・총 10획 ・급수 6급

庭階(정계): 뜰과 계단
庭柯(정가): 집 뜰에 있는 나무의 가지

한 국	중국 번체자	중국 간체자	일본 약자	
島	島	岛	島	485
섬 도	ㄉㄠˇ(다오)	dǎo(다오)	とう(도우)	
′ ⺊ ⼾ ⼾ ⾃ 自 鸟 島 島 島 • 부수 山 • 총 10획 • 급수 5급				
島 島 島 島	島民(도민) : 섬에서 사는 사람 島配(도배) : 죄인을 섬으로 유배(流配)함			
弱	弱	弱	弱	486
약할 약	ㄖㄨㄛˋ(뤄)	ruò(뤄)	じゃく(쟈쿠)	
ˊ ㄱ 弓 弓 弓´ 弱´ 弱 弱 弱 • 부수 弓 • 총 10획 • 급수 6급				
弱 弱 弱 弱	弱骨(약골) : 약한 골격. 몸이 약한 사람 弱勢(약세) : 약한 세력. 세력이 약함			
徒	徒	徒	徒	487
무리 도	ㄊㄨˊ(투)	tú(투)	と(도)	
′ ⼃ ⼻ ⼻ ⼻⼀ 往 往 徒 徒 徒 • 부수 彳 • 총 10획 • 급수 4급				
徒 徒 徒 徒	徒黨(도당) : 떼를 지은 무리 徒輩(도배) : 같은 무리. 패			
浪	浪	浪	浪	488
물결 랑(낭)	ㄌㄤˋ(랑)	làng(랑)	ろう(로우)	
′ ⼀ ⼡ ⼡ ⼡⼀ 浐 浐 浪 浪 浪 • 부수 氵 • 총 10획 • 급수 3급Ⅱ				
浪 浪 浪 浪	激浪(격랑) : 매우 높고 거센 파도 浪說(낭설) : 근거없이 퍼진 소문			

	한국	중국 번체자	중국 간체자	일본 약자
489	純 순수할 순	純 ㄔㄨㄣˊ(춘)	纯 chún(춘)	純 じゅん(준)

ㄥ ㄠ ㄠ ㄠ 糸 糸 糽 紈 純 純 • 부수 糸 • 총 10획 • 급수 4급Ⅱ

純潔(순결) : 아주 깨끗함
純固(순고) : 순수하고 견고함

	한국	중국 번체자	중국 간체자	일본 약자
490	乘 탈 승	乘 ㄔㄥˊ(청)	乘 chéng(청)	乗 じょう(조우)

一 二 千 千 千 千 乖 乖 乘 乘 • 부수 丿 • 총 10획 • 급수 3급Ⅱ

乘機(승기) : 좋은 기회를 이용함
乘車(승거) : 차를 탐

	한국	중국 번체자	중국 간체자	일본 약자
491	耕 밭갈 경	耕 ㄍㄥ(경)	耕 gēng(경)	耕 こう(고우)

一 二 三 耒 耒 耒 耒 耒 耕 耕 • 부수 耒 • 총 10획 • 급수 3급Ⅱ

耕器(경기) : 농사에 쓰는 기구
耕農(경농) : 농사를 지음

	한국	중국 번체자	중국 간체자	일본 약자
492	悟 깨달을 오	悟 ㄨˋ(우)	悟 wù(우)	悟 ご(고)

丶 丶 忄 忄 忏 悟 悟 悟 悟 • 부수 忄 • 총 10획 • 급수 3급Ⅱ

悟覺(오각) : 깨달음
悔悟(회오) : 잘못을 뉘우쳐 깨달음

	한 국	중국 번체자	중국 간체자	일본 약자
497	勉 힘쓸 면	勉 ㄇㄧㄢˇ(미엔)	勉 miǎn(미엔)	勉 べん(벤)

ノ ⺈ ⺈ ⺈ ⺈ ⺈ 免 免 勉 勉 • 부수 力 • 총 9획 • 급수 4급

勉強(면강) : 노력을 다함
勉勵(면려) : 스스로 힘써 함

	한 국	중국 번체자	중국 간체자	일본 약자
498	眠 잠잘 면	眠 ㄇㄧㄢˊ(미엔)	眠 miǎn(미엔)	眠 みん(민)

丨 冂 冂 月 目 目 眠 眠 眠 • 부수 目 • 총 9획 • 급수 3급Ⅱ

眠期(면기) : 누에가 잠을 자는 기간
眠食(면식) : 자고 먹는 일

	한 국	중국 번체자	중국 간체자	일본 약자
499	浴 목욕할 욕	浴 ㄩˋ(위)	浴 yù(위)	浴 よく(요쿠)

丶 丶 氵 氵 浴 浴 浴 浴 浴 浴 • 부수 氵 • 총 9획 • 급수 5급

浴盤(욕반) : 목욕할 때 쓰는 통
浴室(욕실) : 목욕하는 방

	한 국	중국 번체자	중국 간체자	일본 약자
500	國 나라 국	國 ㄍㄨㄛˊ(궈)	国 guó(궈)	国 こく(고쿠)

丨 冂 冂 冂 同 同 同 國 國 國 國 • 부수 囗 • 총 11획 • 급수 8급

國境(국경) : 나라와 나라 사이의 경계
國家(국가) : 나라

한국	중국 번체자	중국 간체자	일본 약자	
得 얻을 득	得 ㄉㄜˊ(더)	得 dé(더)	得 とく(도쿠)	501
ノ ノ イ 彳 彳 彳 彳 得 得 得 ・부수 彳 ・총 11획 ・급수 4급Ⅱ				
得 得 得 得	得男(득남) : 생남(生男) 得女(득녀) : 딸을 낳음			

動 움직일 동	動 ㄉㄨㄥˋ(둥)	动 dòng(둥)	動 どう(도우)	502
ノ 一 ㄷ 宀 宁 肻 重 重 動 動 ・부수 力 ・총 11획 ・급수 7급				
動 動 動 動	動機(동기) : 행동의 직접 원인 動亂(동란) : 난리가 일어남. 전쟁			

都 도읍 도	都 ㄉㄨ(두)	都 dū(두)	都 と(도)	503
一 十 土 耂 耂 者 者 者 都 都 ・부수 阝 ・총 12획 ・급수 5급				
都 都 都 都	都心(도심) : 도시의 중심부 古都(고도) : 옛 도읍			

進 나아갈 진	進 ㄐㄧㄣˋ(진)	进 jìn(진)	進 しん(신)	504
ノ ノ イ 彳 忄 忙 隹 隹 淮 准 進 進 ・부수 辶 ・총 12획				
進 進 進 進	進擊(진격) : 앞으로 나아가 침 進見(진견) : 임금 앞에 나아가 뵘			

	한국	중국 번체자	중국 간체자	일본 약자
505	着 붙일 착	着 ㄓㄠˊ(줘)	着 zhuó(줘)	着 ちゃく(자쿠)

` ` ´ ` ´ ` ` ` 丷 ` ` 并 ` ` 羊 ` ` 羊 ` ` 着 ` ` 着 ` ` 着 ` ` 着 •부수 目 •총 12획 •급수 5급

着手(착수) : 일을 시작함
着用(착용) : 격식에 맞추어 입음

	한국	중국 번체자	중국 간체자	일본 약자
506	部 거느릴 부	部 ㄅㄨˋ(부)	部 bù(부)	部 ぶ(부)

` ` 一 ` 亠 ` 立 ` 产 ` 音 ` 咅 ` 部 ` 部 •부수 阝 •총 11획 •급수 6급

部隊(부대) : 한 단위의 군대
部類(부류) : 종류에 따라 나눈 갈래

	한국	중국 번체자	중국 간체자	일본 약자
507	問 물을 문	問 ㄨㄣˋ(원)	问 wèn(원)	問 もん(몬)

丨 冂 冂 冂 門 門 門 問 問 問 •부수 口 •총 11획 •급수 7급

問答(문답) : 묻고 답함
問禮(문례) : 예절을 물음

	한국	중국 번체자	중국 간체자	일본 약자
508	從 좇을 종	從 ㄘㄨㄥˊ(충)	从 cóng(충)	従 じゅう(쥬우)

丿 彳 彳 彳 彷 彷 從 從 從 •부수 彳 •총 11획 •급수 4급

從姑母(종고모) : 아버지의 4촌 자매
從軍(종군) : 군대를 따라 싸움터로 나아감

	한국	중국 번체자	중국 간체자	일본 약자

513

將 / 將 / 将 / 将

장수 장 | ㅣㄧㄤ(장) | jiāng(장) | しょう(쇼우)

丶 丬 爿 爿 爿 㧾 㧾 㧾 將 將 ・부수 寸 ・총 11획 ・급수 4급Ⅱ

將來(장래) : 앞날. 앞으로 닥쳐 올 때
將校(장교) : 군대의 지휘관.

514

情 / 情 / 情 / 情

뜻 정 | ㄑㄧㄥˊ(칭) | qíng(칭) | じょう(죠우)

丶 丶 忄 忄 忄 忄 忴 情 情 情 ・부수 忄 ・총 11획 ・급수 5급

情感(정감) : 느낌
情景(정경) : 정취와 경치, 광경

515

常 / 常 / 常 / 常

항상 상 | ㄔㄤˊ(창) | cháng(창) | じょう(조우)

丨 丨 ㅛ ㅛ ㅛ 常 常 常 常 ・부수 巾 ・총 11획 ・급수 4급Ⅱ

常客(상객) : 늘 찾아오는 손님, 고객
常軌(상궤) : 항상 행할 떳떳하고 바른 길

516

接 / 接 / 接 / 接

이을 접 | ㄐㄧㄝ(제) | jiē(제) | せつ(세츠)

一 十 扌 扌 扩 㧐 㧐 接 接 接 ・부수 扌 ・총 11획 ・급수 4급Ⅱ

接客(접객) : 손님을 대접함
接見(접견) : 맞아 들여 직접 대하여 봄

한국	중국 번체자	중국 간체자	일본 약자	
設	設	设	設	517
베풀 설	ㄕㄜˋ(서)	shè(서)	せつ(세츠)	

丶 亠 丄 言 言 言 設 設 設 • 부수 言 • 총 11획 • 급수 4급Ⅱ

設計(설계) : 계획을 세움. 또 그 계획
設頭(설두) : 먼저 앞장을 서서 주선함

한국	중국 번체자	중국 간체자	일본 약자	
許	許	许	許	518
허락할 허	ㄒㄩˇ(쉬)	xǔ(쉬)	きょ(쿄)	

丶 亠 丄 言 言 言 訂 訐 許 • 부수 言 • 총 11획 • 급수 5급

許可(허가) : 희망을 들어줌
許多(허다) : 몹시 많음. 수두룩 함

한국	중국 번체자	중국 간체자	일본 약자	
務	務	务	務	519
힘쓸 무	ㄨˋ(우)	wù(우)	む(무)	

フ フ マ 予 矛 矛 矜 矜 務 務 • 부수 力 • 총 11획 • 급수 4급Ⅱ

務本(무본) : 힘씀을 근본으로 함
務實(무실) : 실사(實事)에 힘씀

한국	중국 번체자	중국 간체자	일본 약자	
基	基	基	基	520
터 기	ㄐㄧ(지)	jī(지)	き(기)	

一 十 卄 艹 甘 其 其 其 基 基 • 부수 土 • 총 11획 • 급수 5급

基幹(기간) : 본바탕이 되는 줄기
基金(기금) : 밑천. 기본금

	한국	중국 번체자	중국 간체자	일본 약자
521	深 깊을 심	深 ㄕㄣ(선)	深 shēn(선)	深 しん(신)
	` ` ` ` ` ` ` ` ` ` ` 深深深 • 부수 氵 • 총 11획 • 급수 4급Ⅱ			
	深慮(심려) : 마음을 써서 깊이 생각함 深懷(심회) : 깊이 품어 생각함			
522	處 곳 처	處 ㄔㄨˋ(추)	处 chù(추)	処 しょ(쇼)
	` ` ` ` ` ` ` 處處處 • 부수 虍 • 총 11획 • 급수 4급Ⅱ			
	處決(처결) : 결정하여 조치함 處方(처방) : 일의 처리 방법			
523	眼 눈 안	眼 ㄧㄢˇ(옌)	眼 yǎn(옌)	眼 がん(간)
	` ` ` ` ` ` ` 眼眼眼 • 부수 目 • 총 11획 • 급수 4급Ⅱ			
	眼角(안각) : 눈의 모서리 眼瞼(안검) : 눈꺼풀			
524	望 바랄 망	望 ㄨㄤˋ(왕)	望 wàng(왕)	望 ぼう(보우)
	` ` ` ` ` ` ` 望望望 • 부수 月 • 총 11획 • 급수 5급			
	望臺(망대) : 먼 곳을 바라보는 누대 望拜(망배) : 멀리 바라보고 절함			

	한국	중국 번체자	중국 간체자	일본 약자
529	球 공 구	球 くㄧㄡˊ(추)	球 qiú(추)	球 きゅう(규우)
	一 二 丁 王 王 丑 丑 丑 球 球 球 •부수 玉 •총 11획 •급수 6급			
	地球(지구) : 인류가 살고 있는 천체 球技(구기) : 공을 사용하는 운동 경기			
530	細 가늘 세	細 ㄒㄧˋ(시)	细 xì(시)	細 さい(사이)
	ㄥ ㄠ ㄠ ㄠ ㄠ 糸 糸 紅 絅 細 細 •부수 糸 •총 11획 •급수 4급Ⅱ			
	細故(세고) : 대단하지 않은 일 細工(세공) : 작은 물건을 만드는 것			
531	推 밀 추	推 ㄊㄨㄟ(투이)	推 tuī(투이)	推 すい(스이)
	一 亅 扌 扌 扩 扩 扩 护 推 推 推 •부수 扌 •총 11획 •급수 4급			
	推考(추고) : 미루어 생각함 推及(추급) : 점차 다른 부분까지 미침			
532	族 겨레 족	族 ㄗㄨˊ(쭈)	族 zú(쭈)	族 ぞく(조쿠)
	` 一 亠 方 方 ㄏ ㄏ 扩 族 族 族 •부수 方 •총 11획 •급수 6급			
	族黨(족당) : 일족과 가신의 총칭 族類(족류) : 일가붙이			

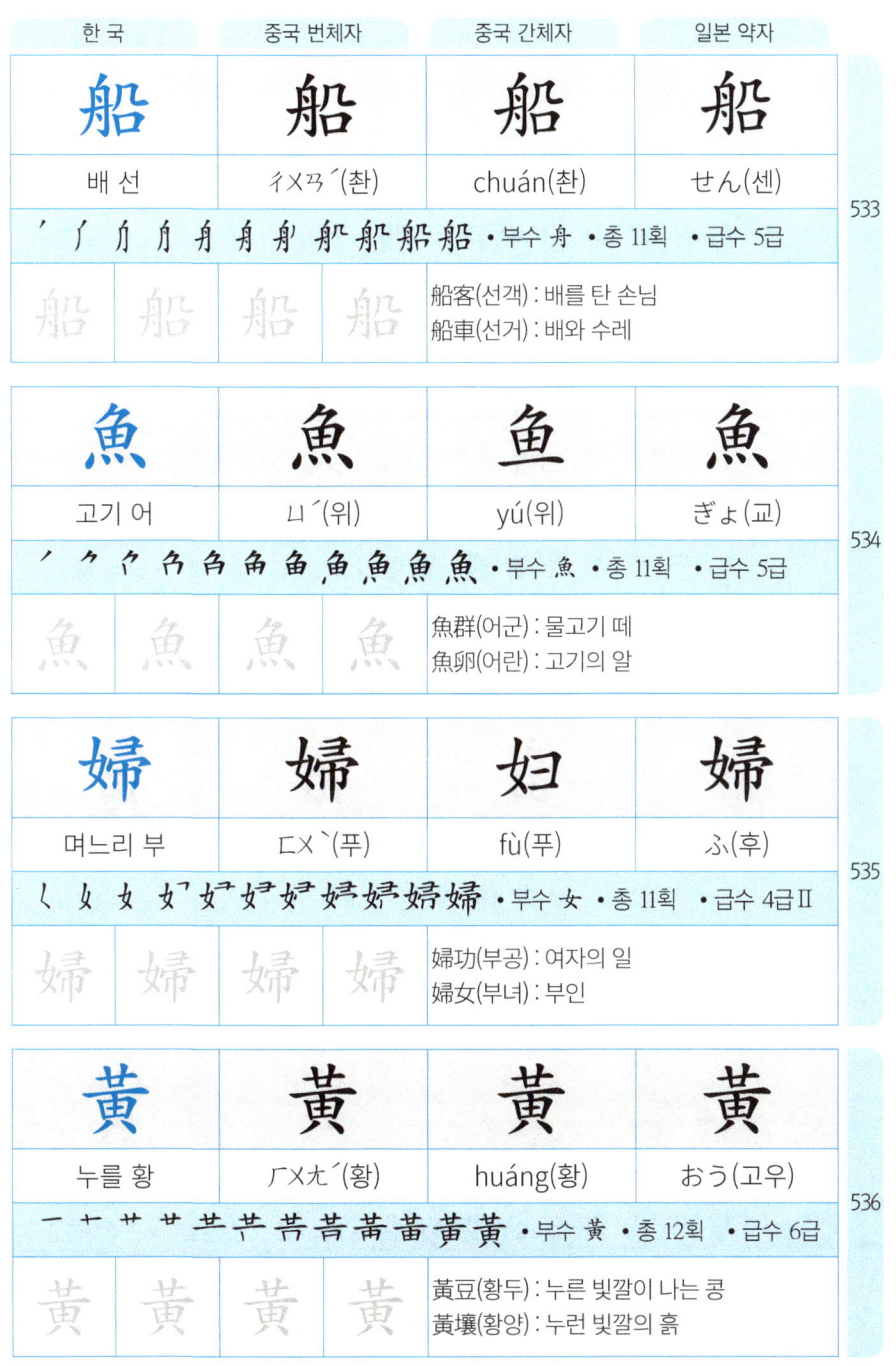

한국	중국 번체자	중국 간체자	일본 약자
視	視	视	視
볼 시	ㄕˋ(스)	shì(스)	し(시)

537 `丶 ㇇ 礻 礻 礻 初 礻日 礻日 視 視` • 부수 見 • 총 12획 • 급수 4급Ⅱ

視界(시계) : 시력이 미치는 범위
視力(시력) : 눈의 능력

責	責	责	責
꾸짖을 책	ㄗㄜˊ(쩌)	zé(쩌)	せき(쎄끼)

538 `一 二 ㄑ 丰 圭 青 青 青 责 責 責` • 부수 貝 • 총 11획 • 급수 5급

責苦(책고) : 꾸짖어 괴롭힘
責望(책망) : 허물을 꾸짖음

密	密	密	密
빽빽할 밀	ㄇㄧˋ(미)	mì(미)	みつ(미츠)

539 `丶 丷 宀 宀 宓 宓 宓 宓 密 密 密` • 부수 宀 • 총 11획 • 급수 4급Ⅱ

密計(밀계) : 비밀한 계략
密告(밀고) : 비밀히 고함

貨	貨	货	貨
재화 화	ㄏㄨㄛˋ(훠)	huò(훠)	か(가)

540 `丿 亻 亻 化 化 佧 貨 貨 貨 貨 貨` • 부수 貝 • 총 11획 • 급수 4급Ⅱ

貨車(화거) : 화물 운반을 주로 하는 차
貨物(화물) : 화차 따위로 옮기는 짐

한 국	중국 번체자	중국 간체자	일본 약자
救	救	救	救
건질 구	ㄐㄧㄡˋ(주)	jiù(주)	きゅう(규우)

一 十 十 才 才 求 求 求 求 救 救 救 • 부수 攵 • 총 11획 • 급수 5급

救國(구국) : 나라를 환란에서 건짐
救難(구난) : 어려움을 도와 줌

541

終	終	终	終
마칠 종	ㄓㄨㄥ(중)	zhōng(중)	しゅう(쥬우)

' ⺡ ⺡ ⺡ ⺡ 糸 糸 紗 終 終 終 • 부수 糸 • 총 11획 • 급수 5급

終結(종결) : 끝을 냄. 일을 마침
終境(종경) : 끝

542

停	停	停	停
머무를 정	ㄊㄧㄥˊ(팅)	tíng(팅)	てい(데이)

ノ 亻 亻 广 ⺅ 佇 佇 停 停 停 停 • 부수 人 • 총 11획 • 급수 5급

停車(정거) : 가던 차를 멈춤
停留(정류) : 수레 따위가 가다가 머무름

543

章	章	章	章
글 장	ㄓㄤ(장)	zhāng(장)	しょう(쇼우)

丶 ㇇ ㇇ 立 产 产 音 音 章 章 章 • 부수 立 • 총 11획 • 급수 6급

章擧(장거) : 낙지
章句(장구) : 글의 장(章)과 구(句)

544

한국	중국 번체자	중국 간체자	일본 약자
頂	頂	顶	頂
정수리 정	ㄉㅣㄥˇ(딩)	dǐng(딩)	ちょう(조우)

545 一 丁 丁 丁 丁 顶 顶 顶 頂 頂 • 부수 頁 • 총 11획 • 급수 3급Ⅱ

頂上(정상) : 산꼭대기, 그 이상 더 없는 것
頂點(정점) : 맨 꼭대기의 점

한국	중국 번체자	중국 간체자	일본 약자
假	假	仮	假
거짓 가	ㄐㅣㄚˇ(자)	jiǎ(자)	か(가)

546 丿 亻 亻 亻 伊 伊 伊 伊 假 假 • 부수 人 • 총 11획 • 급수 4급Ⅱ

假橋(가교) : 임시로 놓은 다리
假道(가도) : 임시의 도로

한국	중국 번체자	중국 간체자	일본 약자
訪	訪	访	訪
찾을 방	ㄈㄤˇ(팡)	fǎng(팡)	ほう(호우)

547 丶 亠 亠 言 言 言 言 訁 訪 訪 • 부수 言 • 총 11획 • 급수 4급Ⅱ

訪客(방객) : 찾아 온 손님
訪求(방구) : 사람을 찾아 구함

한국	중국 번체자	중국 간체자	일본 약자
野	野	野	野
들 야	ㄧㄝˇ(예)	yě(예)	や(야)

548 丶 冂 冂 日 甲 里 里 野 野 野 • 부수 里 • 총 11획 • 급수 6급

野客(야객) : 산야에 사는 사람
野景(야경) : 들의 경치나 정경

한국	중국 번체자	중국 간체자	일본 약자
麥	麥	麦	麦
보리 맥	ㄇㄞˋ(마이)	mài(마이)	ばく(바쿠)

一 十 十 ㅗ ㅛ ㅛ 夾 夾 夾 麥 麥 • 부수 麥 • 총 11획 • 급수 3급

549

麥藁(맥고) : 밀 보리의 짚
麥麴(맥국) : 누룩

한국	중국 번체자	중국 간체자	일본 약자
唱	唱	唱	唱
부를 창	ㄔㄤˋ(창)	chàng(창)	しょう(쇼우)

丨 ㄇ ㅁ ㅁ 吖 吧 吧 吧 唱 唱 唱 • 부수 口 • 총 11획 • 급수 5급

550

唱導(창도) : 부르기 시작함
唱法(창법) : 노래를 부르는 방법

한국	중국 번체자	중국 간체자	일본 약자
菜	菜	菜	菜
나물 채	ㄘㄞˋ(차이)	cài(차이)	さい(사이)

一 十 卄 廾 艹 艾 苎 苹 菜 菜 • 부수 艹 • 총 12획 • 급수 3급 Ⅱ

551

菜甲(채갑) : 나물의 처음 나온 싹
菜羹(채갱) : 채소의 국

한국	중국 번체자	중국 간체자	일본 약자
堂	堂	堂	堂
집 당	ㄊㄤˊ(탕)	táng(탕)	どう(도우)

丨 丨 ㅛ ㅛ ㅛ 㕺 当 当 尚 堂 堂 • 부수 土 • 총 11획 • 급수 6급

552

堂堂(당당) : 위엄 있고 훌륭한 모양
堂上(당상) : 마루 위. 대청 위

153

	한국	중국 번체자	중국 간체자	일본 약자
553	移 옮길 이	移 ㄧˊ(이)	移 yí(이)	移 い(이)
	ノ 二 千 千 禾 禾 科 秽 秽 移 移 • 부수 禾 • 총 11획 • 급수 4급Ⅱ			
	移動(이동):물체가 옮기어 움직임 移來(이래):옮겨 옴			
554	異 다를 이	異 ㄧˋ(이)	异 yí(이)	異 い(이)
	丶 冂 冂 冃 田 田 甲 畀 畀 異 異 • 부수 田 • 총 11획 • 급수 4급			
	異見(이견):남과는 다른 생각 異敎(이교):이단(異端)의 가르침			
555	脫 벗을 탈	脫 ㄊㄨㄛ(퉈)	脫 tuō(퉈)	脱 だつ(다츠)
	ノ 几 几 月 月 肌 肭 䏌 脫 脫 脫 • 부수 月 • 총 11획 • 급수 4급			
	脫却(탈각):완전히 벗어남 脫稿(탈고):원고를 다 써서 마침			
556	執 잡을 집	執 ㄓˊ(즈)	执 zhí(즈)	執 しつ(시츠)
	一 十 土 キ 幸 圥 坴 幸 幸 執 執 • 부수 土 • 총 11획 • 급수 3급Ⅱ			
	執權(집권):권력을 가짐 執念(집념):마음에 움직이지 않는 일념			

한국	중국 번체자	중국 간체자	일본 약자	
貧	貧	贫	貧	557
가난할 빈	ㄆㄧㄣˊ(핀)	pín(핀)	びん(힌)	
ノ 八 分 分 分 谷 谷 谷 谷 貧 貧 • 부수 貝 • 총 11획 • 급수 4급Ⅱ				
		貧家(빈가) : 가난한 집 貧苦(빈고) : 가난함의 고생		
敗	敗	败	敗	558
패할 패	ㄅㄞˋ(바이)	bài(바이)	はい(하이)	
丨 冂 冃 月 目 貝 貝 貶 貯 敗 敗 • 부수 攵 • 총 11획 • 급수 5급				
		敗家(패가) : 가산을 다 써 없앰 敗軍(패군) : 싸움에 진 군사		
混	混	混	混	559
섞을 혼	ㄏㄨㄣˋ(훈)	hùn(훈)	こん(곤)	
丶 丶 氵 氵 沪 沪 沪 混 混 混 • 부수 氵 • 총 11획 • 급수 4급				
		混同(혼동) : 섞이어 하나가 됨 混食(혼식) : 잡곡을 섞어 지은 밥을 먹음		
探	探	探	探	560
찾을 탐	ㄊㄢˋ(탄)	tàn(탄)	たん(단)	
一 十 扌 扌 扩 扩 扩 探 探 探 • 부수 扌 • 총 11획 • 급수 4급				
		探究(탐구) : 더듬어서 연구함 探問(탐문) : 더듬어 찾아서 물음		

	한국	중국 번체자	중국 간체자	일본 약자
561	盛 무성할 성	盛 ㄕㄥˋ(성)	盛 shèng(성)	盛 せい(세이)

一 厂 厂 厇 成 成 成 成 成 盛 盛 • 부수 皿 • 총 12획 • 급수 4급Ⅱ

盛年(성년) : 원기가 왕성한 젊은 나이
盛怒(성노) : 크게 성냄

	한국	중국 번체자	중국 간체자	일본 약자
562	鳥 새 조	鳥 ㄋㄧㄠˇ(냐오)	鸟 niǎo(냐오)	鳥 ちょう(조우)

′ 亻 亣 白 自 鳥 鳥 鳥 鳥 鳥 • 부수 鳥 • 총 11획 • 급수 4급Ⅱ

鳥獸(조수) : 새와 짐승, 금수(禽獸)
鳥迹(조적) : 새 발자국

	한국	중국 번체자	중국 간체자	일본 약자
563	陸 뭍 육(륙)	陸 ㄌㄨˋ(루)	陆 lù(루)	陸 りく(니꾸)

′ 阝 阝 阝- 阝+ 陆 陆 陆 陸 陸 • 부수 阝 • 총 11획 • 급수 5급

陸軍(육군) : 육상의 전투를 맡은 군대
陸路(육로) : 육상의 길, 언덕길

	한국	중국 번체자	중국 간체자	일본 약자
564	陰 그늘 음	陰 ㄧㄣ(인)	阴 yīn(인)	陰 いん(인)

′ 阝 阝 阝 阝 阝 阝 陰 陰 陰 • 부수 阝 • 총 11획 • 급수 4급Ⅱ

陰莖(음경) : 자지, 남자의 생식기
陰界(음계) : 귀신의 세계

한국	중국 번체자	중국 간체자	일본 약자	
欲	欲	欲	欲	565
바랄 욕	ㄩˋ(위)	yù(위)	よく(요꾸)	
ノ ハ グ ゲ 父 谷 谷 谷 欲 欲 欲 · 부수 欠 · 총 11획 · 급수 3급Ⅱ				
欲 欲 欲 欲		欲求(욕구) : 욕심껏 구함. 하고자 함 欲望(욕망) : 무엇을 가지고 싶어함		
閉	閉	闭	閉	566
닫을 폐	ㄅㄧˋ(비)	bì(비)	へい(헤이)	
丨 冂 冂 冋 冋 門 門 門 閂 閉 閉 · 부수 門 · 총 11획 · 급수 4급				
閉 閉 閉 閉		閉關(폐관) : 궐문(闕門)을 닫음 閉口(폐구) : 입을 다묾		
唯	唯	唯	唯	567
오직 유	ㄨㄟˊ(웨이)	wéi(웨이)	ゆい(유이)	
丶 丨 ㄇ ㅁ 叭 吖 吖 咋 咋 唯 唯 · 부수 口 · 총 11획 · 급수 3급				
唯 唯 唯 唯		唯獨(유독) : 여럿 가운데 오직 홀로 唯一(유일) : 오직 그 하나만 있음		
雪	雪	雪	雪	568
눈 설	ㄒㄩㄝˇ(쉐)	xuě(쉐)	せつ(세츠)	
一 广 广 币 雨 雨 雨 雩 雪 雪 雪 · 부수 雨 · 총 11획 · 급수 6급				
雪 雪 雪 雪		雪髮(설발) : 눈처럼 흰 백발(白髮). 雪白(설백) : 눈처럼 흼		

	한국	중국 번체자	중국 간체자	일본 약자
569	淨 깨끗할 정	淨 ㄐㄧㄥˋ(징)	净 jìng(징)	浄 じょう(조우)

丶 丶 氵 氵 氵 氵 淨 淨 淨 淨 • 부수 氵 • 총 11획 • 급수 3급Ⅱ

淨潔(정결) : 매우 깨끗하고 깔끔함
淨化(정화) : 더러운 것을 깨끗하게 함

	한국	중국 번체자	중국 간체자	일본 약자
570	淺 얕을 천	淺 ㄑㄧㄢˇ(첸)	浅 qiǎn(첸)	浅 せん(센)

丶 丶 氵 氵 淺 淺 淺 淺 淺 • 부수 氵 • 총 11획 • 급수 3급Ⅱ

淺短(천단) : 지식이나 생각이 얕고 짧음
淺學(천학) : 학식이 얕음 또는 그런 사람

	한국	중국 번체자	중국 간체자	일본 약자
571	虛 빌 허	虛 ㄒㄩ(쉬)	虚 xū(쉬)	虚 きょ(교)

丨 卜 卢 广 卢 庐 虍 虛 虛 虛 虛 • 부수 虍 • 총 12획 • 급수 4급Ⅱ

虛空(허공) : 텅 빈 공중
虛構(허구) : 없는 일을 사실처럼 조작함

	한국	중국 번체자	중국 간체자	일본 약자
572	惜 아낄 석	惜 ㄒㄧ(쉬)	惜 xī(시)	惜 せき(세끼)

丶 丶 忄 忄 忄 惜 惜 惜 惜 惜 • 부수 忄 • 총 11획 • 급수 3급Ⅱ

惜別(석별) : 서로 헤어지기를 아쉬워함
哀惜(애석) : 슬프고 아까움

한국	중국 번체자	중국 간체자	일본 약자	
授	授	授	授	573
줄 수	ㄕㄡˋ(서우)	shòu(서우)	じゅ(주)	

一 十 才 扩 扩 扩 护 护 押 授 授 • 부수 扌 • 총 11획 • 급수 4급Ⅱ

授受(수수) : 주고받음
授業(수업) : 학업을 가르쳐 줌

한국	중국 번체자	중국 간체자	일본 약자	
患	患	患	患	574
근심 환	ㄏㄨㄢˋ(환)	huàn(환)	かん(간)	

丶 冖 口 口 吕 吕 串 串 患 患 患 • 부수 心 • 총 11획 • 급수 5급

患亂(환란) : 재앙
患者(환자) : 병을 앓는 사람

한국	중국 번체자	중국 간체자	일본 약자	
宿	宿	宿	宿	575
잘 숙	ㄙㄨˋ(쑤)	sù(쑤)	しゅく(슈꾸)	

丶 丶 宀 宀 宀 宀 宿 宿 宿 宿 • 부수 宀 • 총 11획 • 급수 5급

宿望(숙망) : 오래도록 품은 소망
宿命(숙명) : 날 때부터 정해진 운명

한국	중국 번체자	중국 간체자	일본 약자	
涼	涼	涼	涼	576
서늘할 량	ㄌㄧㄤˊ(량)	liáng(량)	りょう(료우)	

丶 丶 氵 广 广 沪 沪 涼 涼 涼 涼 • 부수 氵 • 총 11획 • 급수 3급

涼氣(양기) : 서늘한 기운
涼德(양덕) : 엷은 人德

	한국	중국 번체자	중국 간체자	일본 약자
577	晝 낮 주	晝 ㄓㄡˋ(저우)	昼 zhòu(저우)	昼 ちゅう(추우)

フユユヨ申申書書書晝 •부수 日 •총 11획 •급수 6급

晝間(주간) : 낮동안
晝夜(주야) : 낮과 밤

	한국	중국 번체자	중국 간체자	일본 약자
578	崇 높을 숭	崇 ㄔㄨㄥˊ(충)	崇 chóng(충)	崇 すう(스우)

'ㅗ 屮 屮 屮 屮 뿐 崇 崇 崇 •부수 山 •총 11획 •급수 4급

崇敬(숭경) : 거룩하게 공경하여 높임
崇古(숭고) : 존귀하고 고상함

	한국	중국 번체자	중국 간체자	일본 약자
579	祭 제사 제	祭 ㄐㄧˋ(지)	祭 jì(지)	祭 さい(사이)

' ㄅ ㄅ ㄅ ㄅ' ㄆ ㄆ 祭 祭 祭 •부수 示 •총 11획 •급수 4급Ⅱ

祭具(제구) : 제사 때 쓰는 도구
祭器(제기) : 제사 때 쓰는 기명

	한국	중국 번체자	중국 간체자	일본 약자
580	就 이룰 취	就 ㄐㄧㄡˋ(주)	就 jiù(주)	就 しゅう(슈우)

ㆍ 一 ナ 古 方 古 京 京 就 就 就 •부수 尢 •총 12획 •급수 4급

就木(취목) : 관에 들어감
就業(취업) : 업무에 종사함, 취직

한국	중국 번체자	중국 간체자	일본 약자	
道	道	道	道	581
길 도	ㄉㄠˋ(다오)	dào(다오)	どう(도우)	
丶 ⺀ ⺍ ⺨ 产 芦 首 首 首 道 道 •부수 辶 •총 13획 •급수 7급				
道 道 道 道		道家(도가): 도교(道敎)를 신봉하는 학자 道觀(도관): 도교(道敎)의 사원(寺院)		
發	發	发	発	582
쏠 발	ㄈㄚ(파)	fā(파)	はつ(하츠)	
乛 ⺈ ⺈ ⺈ 癶 癶 癶 癶 發 發 發 發 •부수 癶 •총 12획 •급수 6급				
發 發 發 發		出發(출발): 일을 시작해 나감 發想(발상): 어떤 새로운 생각을 해 냄		
過	過	过	過	583
지날 과	ㄍㄨㄛˋ(궈)	guò(궈)	か(가)	
丨 冂 冂 冋 冋 咼 咼 咼 咼 過 過 過 過 •부수 辶 •총 13획				
過 過 過 過		過客(과객): 지나가는 나그네 過去(과거): 이미 지나간 때		
等	等	等	等	584
등급 등	ㄉㄥˇ(덩)	děng(덩)	とう(도우)	
丿 ⺈ ⺧ ⺮ 竹 竹 竿 笁 笁 等 等 等 •부수 竹 •총 12획 •급수 6급				
等 等 等 等		等閒(등간): 소홀 等高(등고): 높이가 똑 같음		

	한국	중국 번체자	중국 간체자	일본 약자
585	無 없을 무	無 ㄨˊ(우)	无 wú(우)	無 む(무)

ノ ノ 二 仁 仨 笟 笳 笳 無 無 無 •부수 灬 •총 12획 •급수 5급

無價(무가) : 값어치가 없음
無價寶(무가보) : 귀중한 보배

	한국	중국 번체자	중국 간체자	일본 약자
586	然 그러할 연	然 ㄖㄢˊ(란)	然 rán(란)	然 ぜん(젠)

ノ ク タ タ 夕 外 外 外 然 然 然 •부수 灬 •총 12획 •급수 7급

然則(연즉) : 그러면, 그런 즉
然後(연후) : 그런 뒤에

	한국	중국 번체자	중국 간체자	일본 약자
587	間 틈 간	間 ㄐㄧㄢ(젠)	间 jiān(젠)	間 かん(간)

丨 丨 ㄏ ㄏ ㄏ' 門 門 門 問 間 間 •부수 門 •총 12획 •급수 7급

間隔(간격) : 물건과 물건의 거리
間隙(간극) : 틈. 둘 사이의 틈

	한국	중국 번체자	중국 간체자	일본 약자
588	量 헤아릴 량(양)	量 ㄌㄧㄤˋ(량)	量 liáng(량)	量 りょう(료우)

ヽ 冂 曰 日 旦 旦 昌 昌 昌 量 量 •부수 里 •총 12획 •급수 5급

量感(양감) : 크고 풍만한 느낌
物量(물량) : 물건의 분량

한국	중국 번체자	중국 간체자	일본 약자
幾	幾	几	幾
기미 기	ㄐㄧˇ(지)	jǐ(지)	き(기)

589

`ノ 幺 幺 幺幺 幺幺 丝 丝 丝 幾 幾 幾` • 부수 幺 • 총 12획 • 급수 3급

幾望(기망) : 음력 매월 14일 밤
幾微(기미) : 낌새

最	最	最	最
가장 최	ㄗㄨㄟˋ(쭈이)	zuì(쭈이)	さい(사이)

590

`一 冂 冃 日 旦 早 昌 昌 昌 最 最 最` • 부수 日 • 총 12획 • 급수 5급

最古(최고) : 제일 오래됨. 가장 낡음
最高(최고) : 가장 높음

結	結	结	結
맺을 결	ㄐㄧㄝˊ(제)	jié(제)	けつ(게츠)

591

`ㄥ ㄥ 幺 幺 糸 糸 紗 紵 結 結 結` • 부수 糸 • 총 12획 • 급수 5급

結果(결과) : 열매를 맺음
結交(결교) : 교분을 맺음

給	給	给	給
넉넉할 급	ㄍㄟˇ(게이)	gěi(게이)	きゅう(규우)

592

`ㄥ ㄥ 幺 幺 糸 糸 紛 給 給 給` • 부수 糸 • 총 12획 • 급수 5급

給付(급부) : 재물을 공급, 교부하는 것
給仕(급사) : 심부름하는 아이

한국	중국 번체자	중국 간체자	일본 약자
期	期	期	期
기약할 기	ㄑㄧ(치)	qī(치)	き(기)

593 一 十 卄 丗 甘 甘 其 其 荊 期 期 期 ・부수 月 ・총 12획 ・급수 5급

期功親(기공친) : 기복과 공복을 입은 친척
期年(기년) : 돌, 만 1년, 1주년

萬	萬	万	万
일만 만	ㄨㄢˋ(완)	wàn(완)	まん(망)

594 ⺊ 艹 艹 艹 芎 苩 苩 萬 萬 萬 萬 ・부수 艹 ・총 13획

萬感(만감) : 복잡한 감정
萬頃(만경) : 한없이 넓음

報	報	报	報
갚을 보	ㄅㄠˋ(바오)	bào(바오)	ほう(호우)

595 一 十 土 키 去 查 幸 幸 郣 報 報 ・부수 土 ・총 12획

報國(보국) : 나라의 은혜를 갚음
通報(통보) : 어떤 사실을 알리어 줌

運	運	运	運
돌 운	ㄩㄣˋ(윈)	yùn(윈)	うん(운)

596 ⼃ ⼓ ⺈ ⼳ 写 冐 宣 軍 軍 渾 運 運 ・부수 辶 ・총 12획

運柩(운구) : 시체를 넣은 운반함
運動(운동) : 몸을 놀려 움직임

한국	중국 번체자	중국 간체자	일본 약자
極	極	极	極
다할 극	ㄐㄧˊ(지)	jí(지)	きょく(교꾸)

一 十 才 木 朼 朼 朸 柯 柯 極 極 極 • 부수 木 • 총 13획

極口(극구) : 같은 말을 다함
極端(극단) : 맨 끝

統	統	统	統
거느릴 통	ㄊㄨㄥˇ(퉁)	tǒng(퉁)	とう(도우)

' ㄥ ㄠ ㄠ ㄠ 糸 糸 紆 紆 紆 紓 統 • 부수 糸 • 총 12획

統率(통률) : 통수(統帥).
統緖(통서) : 다스림. 거느림. 통치함.

勞	勞	劳	労
일할 노(로)	ㄌㄠˊ(라오)	láo(라오)	ろう(로우)

丶 ㄐ ㄐ ㅆ ㅆ ㅆ 炏 炏 芇 芇 勞 • 부수 力 • 총 12획 • 급수 5급

勞苦(노고) : 몸과 마음을 괴롭게 함
勞困(노곤) : 고달프고 고단함. 피곤함

場	場	场	場
마당 장	ㄔㄤˇ(창)	chǎng(창)	じょう(죠우)

一 十 土 圲 圲 圫 埸 埸 埸 場 場 場 • 부수 土 • 총 12획 • 급수 7급

場內(장내) : 장소의 안. 회장의 내부
場所(장소) : 처소. 자리. 좌석

	한국	중국 번체자	중국 간체자	일본 약자
601	達 통달할 달	達 ㄉㄚˊ(다)	达 dá(다)	達 たつ(가츠)

一 十 土 キ 去 お 幸 幸 幸 達 達 達 • 부수 辶 • 총 13획

達觀(달관): 세속을 벗어난 높은 견식
達道(달도): 도에 통달함

	한국	중국 번체자	중국 간체자	일본 약자
602	單 홀 단	單 ㄉㄢ(단)	单 dān(단)	单 たん(단)

丶 丷 ロ ロ ロロ ロロ 罒 單 單 單 單 • 부수 口 • 총 12획 • 급수 4급Ⅱ

單價(단가): 단위의 가격
單刀(단도): 한 자루의 칼

	한국	중국 번체자	중국 간체자	일본 약자
603	須 모름지기 수	須 ㄒㄩ(쉬)	须 xū(쉬)	須 しゅ(슈)

丿 ⺁ 彡 ⺁ ⺁ 沪 汇 須 須 須 須 • 부수 頁 • 총 12획 • 급수 3급

須髮(수발): 턱에 있는 수염
須要(수요): 없어서는 안 될 일

	한국	중국 번체자	중국 간체자	일본 약자
604	備 갖출 비	備 ㄅㄟˋ(베이)	备 bèi(베이)	備 び(비)

丿 亻 亻 什 世 伂 伃 佴 備 備 備 • 부수 人 • 총 12획

備考(비고): 참고하기 위하여 갖춤
備置(비치): 갖추어 마련해 둠

한 국	중국 번체자	중국 간체자	일본 약자
集	集	集	集
모일 집	ㄐㄧˊ(지)	jí(지)	しゅう(슈우)

605

丿 亻 亻 亻 亻 佧 佳 隹 隼 集 集 • 부수 隹 • 총 12획 • 급수 6급

集計(집계) : 모아 합계함
集權(집권) : 권력을 한 군데로 모음

勝	勝	胜	勝
이길 승	ㄕㄥˋ(성)	shèng(성)	しょう(쇼우)

606

丿 冂 月 月 月 月 胖 胖 胖 勝 勝 • 부수 力 • 총 12획 • 급수 6급

勝負(승부) : 이김과 짐
勝算(승산) : 이길 가망성

遊	遊	游	遊
놀 유	ㄧㄡˊ(유)	yóu(유)	ゆう(유우)

607

丶 丶 亠 方 方 方 斿 斿 游 游 遊 • 부수 辶 • 총 13획

遊客(유객) : 놀고 지내는 사람
遊戱(유희) : 즐겁게 놀며 장난함

喜	喜	喜	喜
기쁠 희	ㄒㄧˇ(시)	xǐ(시)	き(기)

608

一 十 士 吉 吉 吉 吉 壴 喜 喜 喜 • 부수 口 • 총 12획 • 급수 4급

喜慶(희경) : 기뻐하여 축하함
歡喜(환희) : 즐겁고 기쁨

	한 국	중국 번체자	중국 간체자	일본 약자
609	落 떨어질 락	落 ㄌㄨㄛˋ(뤄)	落 luò(뤄)	落 らく(라구)

一 十 艹 艾 茓 莎 落 落 落 落 ・부수 艹 ・총 13획 ・급수 5급

落款(낙관) : 글씨나 그림에 쓰는 도장
落膽(낙담) : 실망하여 마음이 상함

	한 국	중국 번체자	중국 간체자	일본 약자
610	黑 검을 흑	黑 ㄏㄟ(헤이)	黑 hēi(헤이)	黒 こく(고쿠)

丶 冂 曰 甲 里 黒 黑 ・부수 黑 ・총 12획 ・급수 5급

黑角(흑각) : 물소의 뿔
黑尻(흑고) : 황새

	한 국	중국 번체자	중국 간체자	일본 약자
611	買 살 매	買 ㄇㄞˇ(마이)	买 mǎi(마이)	買 ばい(바이)

丨 冂 罒 買 買 ・부수 貝 ・총 12획 ・급수 5급

買價(매가) : 사는 값
買氣(매기) : 물건을 사려는 인기

	한 국	중국 번체자	중국 간체자	일본 약자
612	堅 굳을 견	堅 ㄐㄧㄢ(젠)	坚 jiān(젠)	堅 けん(겐)

一 丅 𠃌 弖 臣 臤 堅 堅 ・부수 土 ・총 11획 ・급수 4급

堅強(견강) : 매우 굳세고 힘이 강함
堅固(견고) : 굳세고 단단함

한국	중국 번체자	중국 간체자	일본 약자	
陽	陽	阳	陽	613
볕 양	lㅊˊ(양)	yáng(양)	よう(요우)	
丶 𠃌 阝 阝' 阝ㄇ 阝㠯 阝日 阝日一 陽 陽 ・부수 阝 ・총 12획 ・급수 6급				
陽	陽	陽	陽	
	陽刻(양각): 볼록하게 나오도록 새김 陽莖(양경): 자지. 남자의 생식기			

富	富	富	富	614
부자 부	ㄈㄨˋ(푸)	fù(푸)	ふ(후)	
丶 丶 宀 宀 宀 宁 宫 宫 宫 宫 富 富 ・부수 宀 ・총 12획 ・급수 4급Ⅱ				
富	富	富	富	
	富強(부강): 부하고 강함 富國(부국): 부유한 나라			

答	答	答	答	615
대답할 답	ㄉㄚˊ(다)	dá(다)	とう(도우)	
丿 ㇏ 𠂉 竹 𥫗 竺 竺 答 答 答 ・부수 竹 ・총 12획 ・급수 7급				
答	答	答	答	
	答禮(답례): 남에게 받은 예를 도로 갚는 일 答拜(답배): 답례로 하는 절			

揚	揚	扬	揚	616
버들 양	lㅊˊ(양)	yáng(양)	よう(요우)	
一 十 扌 扌 扌' 扌ㄇ 扌日 扌日一 揚 揚 揚 ・부수 扌 ・총 12획				
揚	揚	揚	揚	
	揚名(양명): 이름을 높이 날림 揚水(양수): 물을 위로 퍼올림			

	한국	중국 번체자	중국 간체자	일본 약자
617	葉 잎 엽	葉 Iㅝˋ(예)	叶 yè(예)	葉 よう(요우)

一 十 卄 艹 苩 莒 莒 莒 葺 葉 葉 葉 • 부수 艹 • 총 13획

葉脚(엽각) : 잎의 밑동
葉肥(엽비) : 나뭇잎을 썩여 만든 거름

	한국	중국 번체자	중국 간체자	일본 약자
618	朝 아침 조	朝 ㅂㅡㄠ(자오)	朝 zhāo(자오)	朝 ちょう(조우)

一 十 十 古 古 吉 直 卓 朝 朝 朝 朝 • 부수 月 • 총 12획 • 급수 6급

朝刊(조간) : 아침에 펴내는 신문
朝飯(조반) : 아침에 끼니로 먹는 밥

	한국	중국 번체자	중국 간체자	일본 약자
619	雲 구름 운	雲 ㄩㄣˊ(윈)	云 yún(윈)	雲 うん(운)

一 厂 厂 币 币 币 币 雨 雨 雲 雲 雲 • 부수 雨 • 총 12획 • 급수 5급

雲氣(운기) : 공중으로 떠오르는 기운
雲泥(운니) : 구름과 진흙

	한국	중국 번체자	중국 간체자	일본 약자
620	敢 감히 감	敢 ㄍㄢˇ(간)	敢 gǎn(간)	敢 かん(간)

一 一 丆 千 千 千 耳 耳 取 敢 敢 • 부수 攵 • 총 12획 • 급수 4급

敢然(감연) : 용감하게 하는 모양
敢行(감행) : 어려움을 참고 목적을 달성함

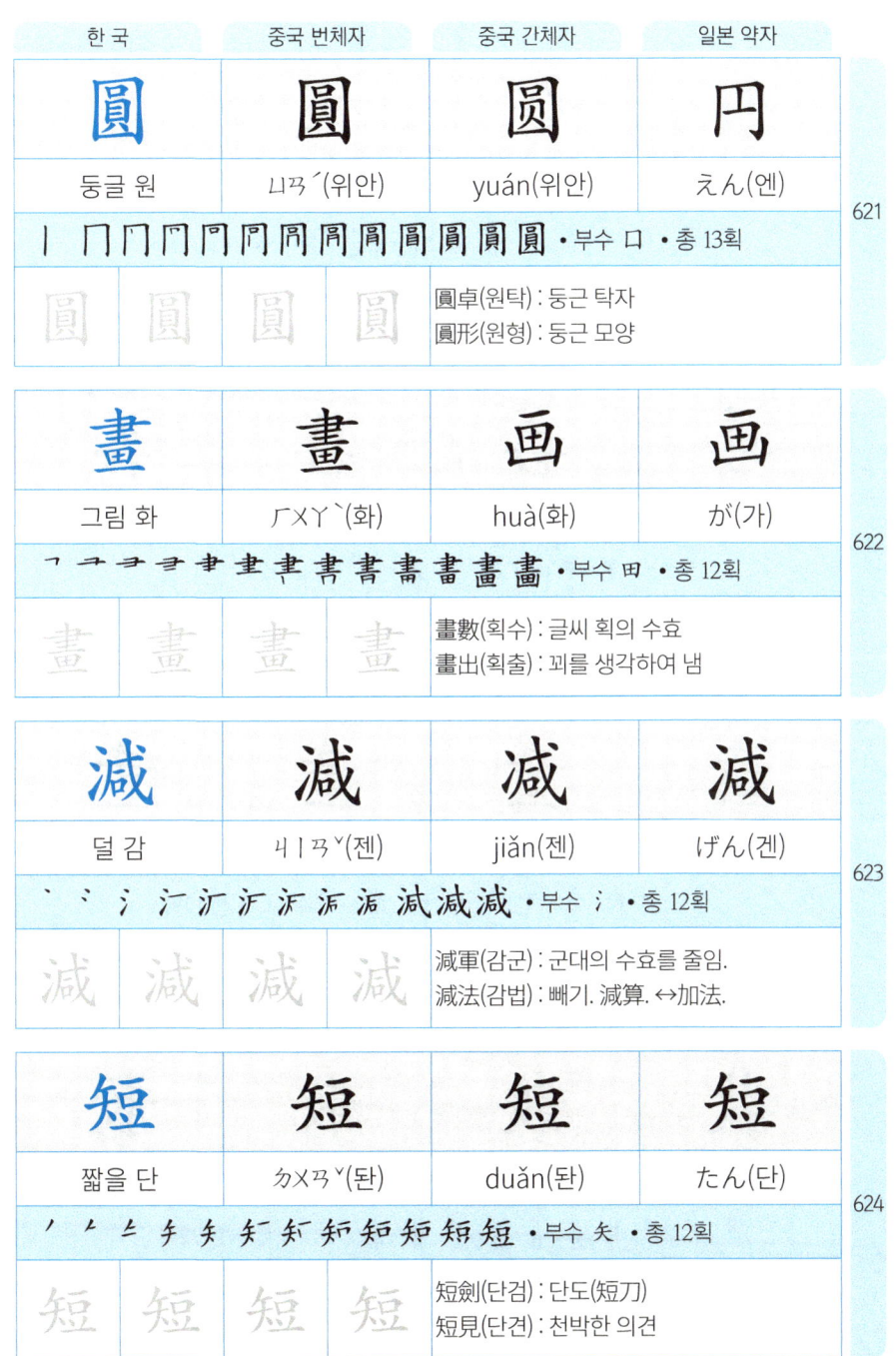

	한국	중국 번체자	중국 간체자	일본 약자
625	飯 밥 반	飯 ㄈㄢˋ(판)	饭 fàn(판)	飯 はん(한)

ノ 𠆢 𠆢 𠆢 𠆢 ᢔ ᢔ ᢔ ᢔ 飯 飯 • 부수 食 • 총 13획

飯羹(반갱) : 밥과 국
飯供(반공) : 조석에 밥상을 이바지함

	한국	중국 번체자	중국 간체자	일본 약자
626	善 착할 선	善 ㄕㄢˋ(산)	善 shàn(산)	善 ぜん(젠)

丶 丷 丷 丷 ᢀ 羊 羊 羊 羊 善 善 善 • 부수 口 • 총 12획

善價(선가) : 많은 값, 후한 값
善導(선도) : 올바른 길로 인도함

	한국	중국 번체자	중국 간체자	일본 약자
627	童 아이 동	童 ㄊㄨㄥˊ(퉁)	童 tóng(퉁)	童 どう(도우)

丶 亠 亠 立 产 产 音 音 音 童 童 • 부수 立 • 총 12획

童妓(동기) : 어린 기생
童男(동남) : 사내아이

	한국	중국 번체자	중국 간체자	일본 약자
628	散 흩을 산	散 ㄙㄢˋ(싼)	散 sǎn(싼)	散 さん(산)

一 十 卄 廾 昔 昔 昔 昔 散 散 • 부수 攵 • 총 12획

擴散(확산) : 흩어져 퍼짐
集散(집산) : 모여듦과 흩어짐

한국	중국 번체자	중국 간체자	일본 약자	
惡	惡	恶	悪	629
악할 악	ㄜˋ(어)	è(어)	あく(아구)	

一 ｢ ｢ ㄷ ㅁ ㅁ 亞 亞 惡 惡 惡 • 부수 心 • 총 12획

惡果(악과) : 악사(惡事)에 대한 갚음
惡鬼(악귀) : 악한 귀신. 몹쓸 귀신

貴	貴	贵	貴	630
귀할 귀	ㄍㄨㄟˋ(구이)	guì(구이)	き(기)	

丶 ㄱ ㅁ 中 虫 虫 毕 昔 青 青 貴 貴 • 부수 貝 • 총 12획

貴骨(귀골) : 귀하게 자란 사람
貴官(귀관) : 상대자의 관직의 존칭

植	植	植	植	631
심을 식	ㄓˊ(즈)	zhí(즈)	しょく(쇼쿠)	

一 十 扌 木 木 杧 杧 柠 柠 植 植 植 • 부수 木 • 총 12획

植林(식림) : 나무를 심어 숲을 만듦
腐植土(부식토) : 식물이 썩은 흙

登	登	登	登	632
오를 등	ㄉㄥ(덩)	dēng(덩)	とう(도우)	

丿 ㄱ ㄱˊ ㄱˋ 癶 癶 戏 癶 脊 脊 登 登 • 부수 癶 • 총 12획

登降(등강) : 오르내림
登科(등과) : 과거에 급제함

	한국	중국 번체자	중국 간체자	일본 약자
633	敬 공경할 경	敬 ㄐㄧㄥˋ(징)	敬 jìng(징)	敬 けい(게이)

一 亠 ザ ザ 芍 芍 苟 苟 芍 敬 敬 敬 • 부수 攵 • 총 13획

尊敬(존경) : 우러러 받듦
敬意(경의) : 존경의 뜻

	한국	중국 번체자	중국 간체자	일본 약자
634	景 경치 경	景 ㄐㄧㄥˇ(징)	景 jǐng(징)	景 けい(게이)

丶 冂 日 日 旦 呈 呈 몸 景 景 景 • 부수 日 • 총 12획 • 급수 5급

景觀(경관) : 지역의 특색있는 풍경
景福(경복) : 커다란 행복. 크나큰 복

	한국	중국 번체자	중국 간체자	일본 약자
635	偉 훌륭할 위	偉 ㄨㄟˇ(웨이)	伟 wěi(웨이)	偉 い(이)

丿 亻 亻 伊 伊 伊 伊 伊 倍 偉 偉 • 부수 人 • 총 11획 • 급수 5급

偉男子(위남자) : 인격이 뛰어난 남자
偉力(위력) : 위대한 힘

	한국	중국 번체자	중국 간체자	일본 약자
636	遇 만날 우	遇 ㄩˋ(위)	遇 yù(위)	遇 ぐう(구우)

丶 冂 日 日 旦 昌 禺 禺 遇 遇 遇 • 부수 辶 • 총 13획 • 급수 4급

遇待(우대) : 신분에 맞게 대접함
遇合(우합) : 우연히 만남

한국	중국 번체자	중국 간체자	일본 약자
順	順	顺	順
순할 순	ㄕㄨㄣˋ(순)	shùn(순)	じゅん(쥰)

丿 丿丨 刂 川 川˅ 川⼧ 順 順 順 順 順 • 부수 川 • 총 12획 • 급수 5급

順德(순덕) : 꾸밈 없는 유순한 덕
順理(순리) : 도리에 순종함

한국	중국 번체자	중국 간체자	일본 약자
筆	筆	笔	筆
붓 필	ㄅㄧˇ(비)	bǐ(비)	ひつ(히츠)

丿 𠂉 𠂉 𠂉 竹 竹 竺 笁 笙 筆 筆 • 부수 竹 • 총 12획 • 급수 5급

筆匣(필갑) : 붓을 넣어두는 갑
筆記(필기) : 글씨로 써서 기록함

한국	중국 번체자	중국 간체자	일본 약자
街	街	街	街
거리 가	ㄐㄧㄝ(제)	jiē(제)	がい(가이)

丿 丿 彳 彳 仁 𣥂 徍 佳 街 街 街 • 부수 行 • 총 12획

街道(가도) : 곧고 넓은 큰 도로
街頭(가두) : 가상(街上)

한국	중국 번체자	중국 간체자	일본 약자
湖	湖	湖	湖
호수 호	ㄏㄨˊ(후)	hú(후)	こ(고)

丶 丶 氵 氵 汁 汢 沽 沽 湖 湖 湖 湖 • 부수 氵 • 총 12획 • 급수 5급

湖畔(호반) : 호수와 땅이 맞닿은 곳
湖心(호심) : 호수의 한가운데

175

	한국	중국 번체자	중국 간체자	일본 약자
641	雄 수컷 웅	雄 ㄒㄩㄥˊ(슝)	雄 xióng(슝)	雄 ゆう(유우)

一 ナ ナ ナ ナ ナ 才 扩 扩 雄 雄 雄 • 부수 隹 • 총 12획 • 급수 5급

雄建(웅건): 뛰어나게 힘이 셈
雄傑(웅걸): 뛰어난 인물

	한국	중국 번체자	중국 간체자	일본 약자
642	稅 세금 세	稅 ㄕㄨㄟˋ(수이)	税 shuì(수이)	税 ぜい(제이)

ノ 二 千 千 千 禾 禾 秒 秒 种 税 稅 • 부수 禾 • 총 12획

稅穀(세곡): 조세로 바치는 곡
稅金(세금): 조세로 바치는 돈

	한국	중국 번체자	중국 간체자	일본 약자
643	寒 찰 한	寒 ㄏㄢˊ(한)	寒 hán(한)	寒 かん(간)

丶 丶 宀 宀 宀 宀 宧 寉 寒 寒 寒 • 부수 宀 • 총 12획 • 급수 5급

寒家(한가): 가난한 집안
寒乞(한걸): 남루한 거지

	한국	중국 번체자	중국 간체자	일본 약자
644	尊 높을 존	尊 ㄗㄨㄣ(쭌)	尊 zūn(쭌)	尊 そん(손)

丶 丶 广 产 产 芮 芮 酋 酋 酋 尊 尊 • 부수 寸 • 총 12획 • 급수 4급Ⅱ

尊敬(존경): 높여 공경함
尊貴(존귀): 지위가 높고 귀함

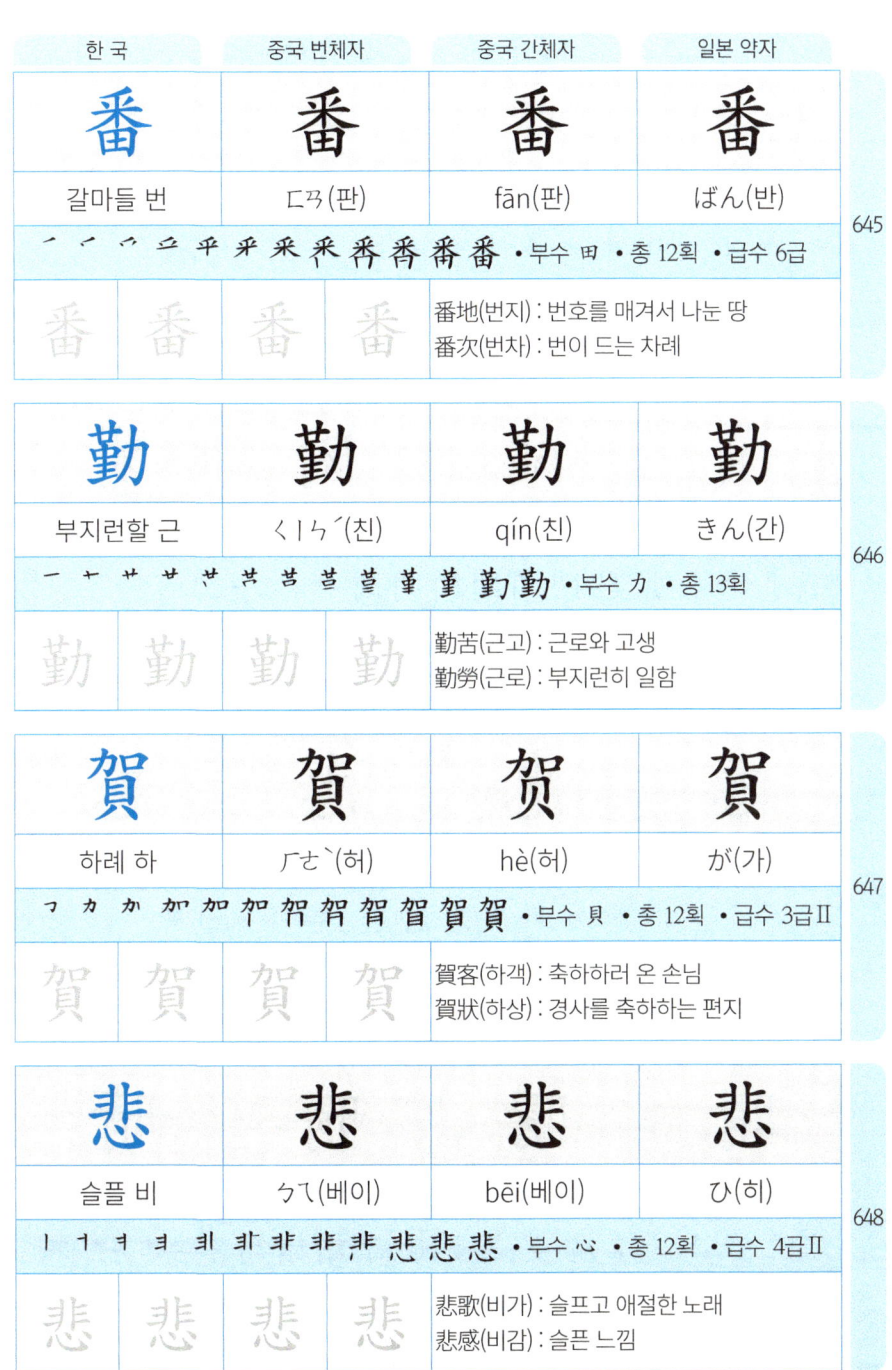

	한 국	중국 번체자	중국 간체자	일본 약자
649	喪 죽을 상	喪 ㄙㄤ(쌍)	丧 sāng(쌍)	喪 そう(소우)

一 十 十 十 十 十
 、

一 十 卄 丗 丗 丗 茢 茢 茐 喪 喪 喪 • 부수 口 • 총 12획

喪家(상가) : 사람이 죽은 집
喪家狗(상가구) : 상갓집 개

	한 국	중국 번체자	중국 간체자	일본 약자
650	閑 한가할 한	閑 ㄒㄧㄢˊ(셴)	闲 xián(셴)	閑 かん(간)

丨 冂 冂 冃 冃 門 門 門 閂 閑 閑 • 부수 門 • 총 12획

閑居(한거) : 한가하게 있음
閑良(한량) : 돈 잘 쓰고 잘 노는 사람

	한 국	중국 번체자	중국 간체자	일본 약자
651	惠 은혜 혜	惠 ㄏㄨㄟˋ(후이)	惠 huì(후이)	恵 けい(게이)

一 ᄃ ᄆ ᄆ 审 审 审 审 惠 惠 惠 • 부수 心 • 총 12획

惠賜(혜사) : 은혜를 베풀어 금품을 줌
惠養(혜양) : 은혜를 베풀어 기름

	한 국	중국 번체자	중국 간체자	일본 약자
652	晴 맑을 청	晴 ㄑㄧㄥˊ(칭)	晴 qíng(칭)	晴 せい(세이)

ˋ 亠 亠 亠 言 言 言 訁 訁 請 請 請 請 • 부수 日 • 총 12획

晴曇(청담) : 날씨의 맑음과 흐림
晴明(청명) : 하늘이 개어 맑음

한국	중국 번체자	중국 간체자	일본 약자
暑	暑	暑	暑
더울 서	ㄕㄨˇ(수)	shǔ(수)	しょ(쇼)

丨 口 日 日 旦 星 星 昇 晏 暑 暑 暑 • 부수 日 • 총 13획

暑氣(서기) : 여름철의 더운 기운
暑炎(서염) : 대단한 더위

한국	중국 번체자	중국 간체자	일본 약자
貯	貯	贮	貯
쌓을 저	ㄓㄨˋ(주)	zhù(주)	ちょ(쵸)

丨 口 月 月 目 貝 貝 貯 貯 貯 貯 貯 • 부수 貝 • 총 12획

貯穀(저곡) : 곡식을 쌓아 둠
貯金(저금) : 돈을 모음. 또는 그 돈

한국	중국 번체자	중국 간체자	일본 약자
會	會	会	会
모일 회	ㄏㄨㄟˋ(후이)	huì(후이)	かい(가이)

丿 𠆢 ㅅ 仝 合 合 命 侖 侖 會 會 會 • 부수 日 • 총 13획

會見(회견) : 서로 만나 봄
會計(회계) : 모아 셈함. 합산(合算)

한국	중국 번체자	중국 간체자	일본 약자
經	經	经	経
지날 경	ㄐㄧㄥ(징)	jīng(징)	けい(게이)

' ㄥ ㄠ 幺 糸 糸 紅 紅 經 經 經 經 經 • 부수 糸 • 총 13획

經過(경과) : 거쳐 지나감
經敎(경교) : 경문(經文)의 가르침

	한국	중국 번체자	중국 간체자	일본 약자
657	新 새 신	新 ㄒㄧㄣ(신)	新 xīn(신)	新 しん(신)

丶 亠 亠 立 立 辛 亲 亲 亲 新 新 新 • 부수 斤 • 총 13획

新曲(신곡) : 새로 지은 음악의 곡
新穀(신곡) : 햇곡식

	한국	중국 번체자	중국 간체자	일본 약자
658	電 번개 전	電 ㄉㄧㄢˋ(뎬)	电 diàn(뎬)	電 でん(뎬)

一 一 一 一 币 币 雨 雨 雨 雨 雷 雷 電 • 부수 雨 • 총 13획

電擊(전격) : 번개처럼 급히 공격함
電光(전광) : 번갯불

	한국	중국 번체자	중국 간체자	일본 약자
659	業 업 업	業 ㄧㄝˋ(예)	业 yè(예)	業 ぎょう(교우)

丨 丨丨 丨丨丨 业 业 坐 坐 堂 堂 業 業 • 부수 木 • 총 13획

業務(업무) : 생업)의 일
業績(업적) : 공적

	한국	중국 번체자	중국 간체자	일본 약자
660	當 당할 당	當 ㄉㄤ(당)	当 dāng(당)	当 とう(도우)

丨 丨 丬 丬 巾 尚 尚 常 常 當 當 • 부수 田 • 총 13획

當姑母(당고모) : 종고모(從姑母)
當國(당국) : 어떠한 일에 관계 있는 나라

한국	중국 번체자	중국 간체자	일본 약자
義	義	义	義
옳을 의	ㄧˋ(이)	yì(이)	ぎ(기)

丶 丶 䒑 䒑 ⺶ ⺷ 羊 羊 莠 義 義 義 義 • 부수 羊 • 총 13획

義擧(의거) : 정의를 위하여 일을 일으킴
義氣(의기) : 의리를 소중히 여기는 마음

한국	중국 번체자	중국 간체자	일본 약자
意	意	意	意
뜻 의	ㄧˋ(이)	yì(이)	い(이)

丶 亠 亠 立 产 音 音 音 音 意 意 意 • 부수 心 • 총 13획

意見(의견) : 자기의 마음속에 느낀 생각
意圖(의도) : 장차 하려고 하는 계획

한국	중국 번체자	중국 간체자	일본 약자
想	想	想	想
생각할 상	ㄒㄧㄤˇ(상)	xiǎng(상)	そう(소우)

一 十 才 木 朹 机 相 相 相 相 想 想 想 • 부수 心 • 총 13획

想見(상견) : 생각하여 봄
想起(상기) : 지난 일을 생각해 냄

한국	중국 번체자	중국 간체자	일본 약자
話	話	话	話
말할 화	ㄏㄨㄚˋ(화)	huà(화)	わ(와)

丶 亠 ㅗ 宀 言 言 言 訁 訐 訐 話 話 • 부수 言 • 총 13획

話劇(화극) : 대화를 하는 신극(新劇)
話頭(화두) : 말의 서두(序頭)

	한국	중국 번체자	중국 간체자	일본 약자
665	與 줄 여	與 ㄩˇ(위)	与 yǔ(위)	与 よ(요)

` ㄅ ㄏ ㄐ 伫 伯 佃 旬 旬 與 與 與` • 부수 臼 • 총 14획

與黨(여당) : 현재의 정권있는 정당
與受(여수) : 주고 받고 함

666	路 길 로(노)	路 ㄌㄨˋ(루)	路 lù(루)	路 ろ(로)

` ㇐ ㇑ ㅁ ㅁ ㅁ 足 足 跙 跙 政 政 路 路` • 부수 足 • 총 13획

路柳(노류) : 길가의 버들
路面(노면) : 길바닥

667	農 농사 농	農 ㄋㄨㄥˊ(눙)	农 nóng(눙)	農 のう(노우)

` ㇐ ㅁ 日 曲 曲 曲 芇 芇 豊 農 農 農` • 부수 辰 • 총 13획

農歌(농가) : 농부가(農夫歌)의 약어
農耕(농경) : 전답을 가는 일, 곧 농사

668	解 풀 해	解 ㄐㄧㄝˇ(제)	解 jiě(제)	解 かい(가이)

` ㇒ ㇒ ㇒ 角 角 角 解 解 解 解` • 부수 角 • 총 13획

解職(해직) : 직책에서 물러나게 함
解脫(해탈) : 굴레의 얽매임에서 벗어남

한국	중국 번체자	중국 간체자	일본 약자	
愛 사랑 애	愛 ㄞˋ(아이)	爱 ài(아이)	愛 あい(아이)	669

ˊ ˊ ˊ ˊ ˊ 戼 戼 戼 戼 戼 愛 愛 愛 • 부수 心 • 총 13획

| 愛 | 愛 | 愛 | 愛 | 愛國(애국) : 나라를 사랑함
愛讀(애독) : 즐겨서 읽음 |

| 號
부르짖을 호 | 號
ㄏㄠˋ(하오) | 号
hào(하오) | 号
ごう(고우) | 670 |

丶 ㄇ ㅁ 몬 号 号' 뫈 號 號 號 號 號 • 부수 虍 • 총 13획

| 號 | 號 | 號 | 號 | 號旗(호기) : 신호를 위하여 사용하는 기
號令(호령) : 지휘하여 명령함 |

| 節
마디 절 | 節
ㄐㄧㄝˊ(제) | 节
jié(제) | 節
せつ(세츠) | 671 |

ˊ ㅅ ㅅ ㅅ 竹 竹 竹 竹 竹 節 節 節 • 부수 竹 • 총 15획

| 節 | 節 | 節 | 節 | 節減(절감) : 절약하여 줄임
節儉(절검) : 절약하여 검소하게 함 |

| 傳
전할 전 | 傳
ㄔㄨㄢˊ(촨) | 传
chuán(촨) | 伝
でん(덴) | 672 |

丿 亻 亻 亻 亻 亻 亻 傳 傳 傳 傳 傳 • 부수 人 • 총 13획

| 傳 | 傳 | 傳 | 傳 | 傳敎(전교) : 가르쳐 전하는 일
傳記(전기) : 사람의 일대의 기록한 것 |

	한국	중국 번체자	중국 간체자	일본 약자
673	勢 기세 세	勢 ㄕˋ(스)	势 shì(스)	勢 せい(세이)

一 十 土 耂 夫 去 坴 幸 刲 執 執 埶 勢 勢 • 부수 力 • 총 13획

勢家(세가) : 권세가 있는 집안
勢道(세도) : 정치상의 권세를 장악함

	한국	중국 번체자	중국 간체자	일본 약자
674	遠 멀 원	遠 ㄩㄢˇ(위안)	远 yuǎn(위안)	遠 えん(엔)

一 十 土 耂 吉 吉 声 䒑 袁 袁 遠 遠 遠 • 부수 辶 • 총 13획

遠客(원객) : 먼 곳에서 온 손님
遠隔(원격) : 멀리 떨어져 있음

	한국	중국 번체자	중국 간체자	일본 약자
675	感 느낄 감	感 ㄍㄢˇ(간)	感 gǎn(간)	感 かん(간)

一 厂 厂 厂 斤 后 咸 咸 咸 感 感 感 • 부수 心 • 총 13획

感激(감격) : 매우 고맙게 느낌
感氣(감기) : 고뿔

	한국	중국 번체자	중국 간체자	일본 약자
676	溫 따뜻할 온	溫 ㄨㄣ(원)	温 wēn(원)	温 おん(온)

丶 丶 氵 氵 汩 汩 沪 涃 涃 溫 溫 溫 • 부수 氵 • 총 13획

溫暖(온난) : 따뜻한 날씨
溫情(온정) : 따뜻한 마음

한국	중국 번체자	중국 간체자	일본 약자
試	試	试	試
시험할 시	ㄕˋ(스)	shì(스)	し(시)

677

、 一 二 亍 言 言 言 訐 訐 試 試 • 부수 言 • 총 13획

試鍊(시련) : 겪어 내기 힘든 어려움
試圖(시도) : 어떤 일을 이루려고 꾀하여 봄

한국	중국 번체자	중국 간체자	일본 약자
滿	滿	满	満
찰 만	ㄇㄢˇ(만)	mǎn(만)	まん(만)

678

、 丶 氵 氵 汁 汁 汁 沸 淸 満 満 満 満 • 부수 言 • 총 14획

滿腔(만강) : 가슴 속에 가득히 참
滿喫(만끽) : 음식을 마음껏 먹고 마심

한국	중국 번체자	중국 간체자	일본 약자
歲	歲	岁	歳
해 세	ㄙㄨㄟˋ(쑤이)	suì(쑤이)	さい(사이)

679

丨 ㅏ 止 止 止 产 产 产 产 产 歲 歲 歲 • 부수 止 • 총 14획

歲月(세월) : 흘러가는 시간
歲寒(세한) : 추운 계절. 겨울

한국	중국 번체자	중국 간체자	일본 약자
煙	煙	烟	煙
연기 연	ㄧㄢ(옌)	yān(옌)	えん(엔)

680

、 丶 火 火 火 灯 灯 炉 炳 烟 烟 煙 煙 • 부수 火 • 총 13획

煙月(연월) : 안개 속에 보이는 달
煙波(연파) : 안개가 끼어 보이는 물결

	한 국	중국 번체자	중국 간체자	일본 약자
681	傷 상처 상	傷 ㄕㄤ(상)	伤 shāng(상)	傷 しょう(쇼우)

ノ 亻 亻 仁 仁 作 作 佰 佰 傷 傷 傷 • 부수 人 • 총 13획

傷心(상심) : 마음을 상함
傷創(상창) : 칼날 따위에 다친 상처

	한 국	중국 번체자	중국 간체자	일본 약자
682	福 복 복	福 ㄈㄨˊ(푸)	福 fú(푸)	福 ふく(흐꾸)

丶 フ ネ ネ ネ 衤 衤 祀 祀 祸 福 福 福 • 부수 示 • 총 14획

祈福(기복) : 복을 빎
分福(분복) : 선천적으로 타고난 복

	한 국	중국 번체자	중국 간체자	일본 약자
683	漢 한수 한	漢 ㄏㄢˋ(한)	汉 hàn(한)	漢 かん(간)

丶 丶 氵 氵 汁 泄 泄 泄 淠 淠 漢 漢 漢 • 부수 氵 • 총 14획

漢陽(한양) : 서울의 옛 이름
漢文(한문) : 한자로 쓰여진 글

	한 국	중국 번체자	중국 간체자	일본 약자
684	罪 허물 죄	罪 ㄗㄨㄟˋ(쭈이)	罪 zuì(쭈이)	罪 ざい(자이)

丶 冂 四 四 四 罒 罒 罪 罪 罪 罪 • 부수 网 • 총 13획

罪名(죄명) : 범죄의 명목
罪目(죄목) : 범죄 사실의 명목

한국	중국 번체자	중국 간체자	일본 약자
暗	暗	暗	暗
어두울 암	ㄢˋ(안)	àn(안)	あん(안)

685

丨 冂 冃 日 日`日⸍ 日⸍ 日⸌ 晘 晻 暗 暗 暗 • 부수 日 • 총 13획

暗渠(암거) : 땅 속으로 낸 도랑
暗記(암기) : 외워서 기억함

한국	중국 번체자	중국 간체자	일본 약자
園	園	园	園
동산 원	ㄩㄢˊ(위안)	yuán(위안)	えん(엔)

686

丨 冂 冂 冂 門 門 周 周 周 園 園 園 • 부수 囗 • 총 13획

園陵(원릉) : 임금의 능(陵)
園藝(원예) : 채소, 화초 등을 가꾸는 밭 일

한국	중국 번체자	중국 간체자	일본 약자
詩	詩	诗	詩
시 시	ㄕ(스)	shī(스)	し(시)

687

丶 亠 亠 亠 言 言 言 訁 訁 詩 詩 詩 詩 • 부수 言 • 총 13획

詩客(시객) : 시를 짓는 사람
詩句(시구) : 시의 구절

한국	중국 번체자	중국 간체자	일본 약자
禁	禁	禁	禁
금할 금	ㄐㄧㄣˋ(진)	jìn(진)	きん(긴)

688

一 十 才 才 木 朴 村 林 林 枻 禁 禁 禁 • 부수 示 • 총 13획

禁戒(금계) : 금하여 경계함
禁忌(금기) : 금하는 것과 꺼리는 것

	한국	중국 번체자	중국 간체자	일본 약자
689	聖 성인 성	聖 ㄕㄥˋ(성)	圣 shèng(성)	聖 せい(세이)

一 ㄷ ㄸ ㅂ 耳 耵 即 耶 聖 聖 聖 • 부수 耳 • 총 13획

聖潔(성결) : 신성하고 깨끗함
聖經(성경) : 성인이 지은 책

	한국	중국 번체자	중국 간체자	일본 약자
690	暖 따뜻할 난	暖 ㄋㄨㄢˇ(놘)	暖 nuǎn(놘)	暖 だん(단)

丨 冂 冃 日 日´ 日″ 日″ 旷 昁 晬 暖 暖 • 부수 日 • 총 13획

暖流(난류) : 따뜻한 海流
暖房(난방) : 따뜻하게 된 방

	한국	중국 번체자	중국 간체자	일본 약자
691	誠 정성 성	誠 ㄔㄥˊ(청)	诚 chéng(청)	誠 せい(세이)

丶 亠 ニ 言 言 言 訂 訂 訂 誠 誠 誠 • 부수 言 • 총 13획

熱誠(열성) : 열렬한 정성
誠金(성김) : 정성으로 내는 돈

	한국	중국 번체자	중국 간체자	일본 약자
692	愁 근심 수	愁 ㄔㄡˊ(처우)	愁 chóu(처우)	愁 しゅう(슈우)

丿 二 千 千 禾 禾 秒 秋 秋 愁 愁 愁 • 부수 心 • 총 13획

愁困(수곤) : 근심 걱정으로 고생함
愁眉(수미) : 수심에 잠긴 얼굴

한국	중국 번체자	중국 간체자	일본 약자
慈	慈	慈	慈
사랑할 자	cí(츠)	cí(츠)	じ(지)

、丷䒑䒑兹兹兹兹慈慈慈 • 부수 心 • 총 14획

慈堂(자당) : 남의 어머니의 존칭
慈母(자모) : 애정이 깊은 어머니

693

한국	중국 번체자	중국 간체자	일본 약자
說	說	说	說
말씀 설	ㄕㄨㄛ(쉬)	shuō(쉬)	せつ(세츠)

、亠亠言言言訁訒訡訡說說 • 부수 言 • 총 14획

辱說(욕설) : 남을 모욕하는 말
說敎(설교) : 종교의 교리를 설명함

694

한국	중국 번체자	중국 간체자	일본 약자
對	對	对	対
대답할 대	duì(두이)	duì(두이)	たい(다이)

丨丨丨丨业业业业丵丵丵對對 • 부수 寸 • 총 14획

對角(대각) : 맞선 각
對決(대결) : 양자가 우열을 결정함

695

한국	중국 번체자	중국 간체자	일본 약자
種	種	种	種
씨 종	zhǒng(중)	zhǒng(중)	しゅ(슈)

丿一千千禾禾禾秆秆秆秆種種種 • 부수 禾 • 총 14획

種犬(종견) : 씨를 받을 개
種鷄(종계) : 씨를 받을 닭

696

	한국	중국 번체자	중국 간체자	일본 약자
697	實 열매 실	實 ㄕˊ(스)	实 shí(스)	実 じつ(지츠)
	丶丶宀宀宀宇宇宵宵宵實實實 • 부수 宀 • 총 14획			
	實 實 實 實		實感(실감) : 실제로 느낌. 실제의 감정 實功(실공) : 실제의 공적	
698	領 거느릴 령(영)	領 ㄌㄧㄥˇ(링)	领 lǐng(링)	領 りょう(료우)
	丿丶丶𠂉𠂉𠂉𠂉𩠐領領領領領 • 부수 頁 • 총 14획			
	領 領 領 領		領空(영공) : 영토와 영해 위의 하늘 領內(영내) : 영토 안. 영지내	
699	認 알 인	認 ㄖㄣˋ(런)	认 rèn(런)	認 にん(닌)
	丶丶亠亠言言言訂訒認認認認 • 부수 言 • 총 14획			
	認 認 認 認		認可(인가) : 인정하여 허락함 確認(확인) : 확실히 인정하거나 알아봄	
700	圖 그림 도	圖 ㄊㄨˊ(투)	图 tú(투)	図 ず(쯔)
	丨冂冂冂冂罔罔罔周圖圖圖 • 부수 囗 • 총 14획			
	圖 圖 圖 圖		圖謀(도모) : 일을 이루려고 꾀함 圖生(도생) : 살아감을 꾀함	

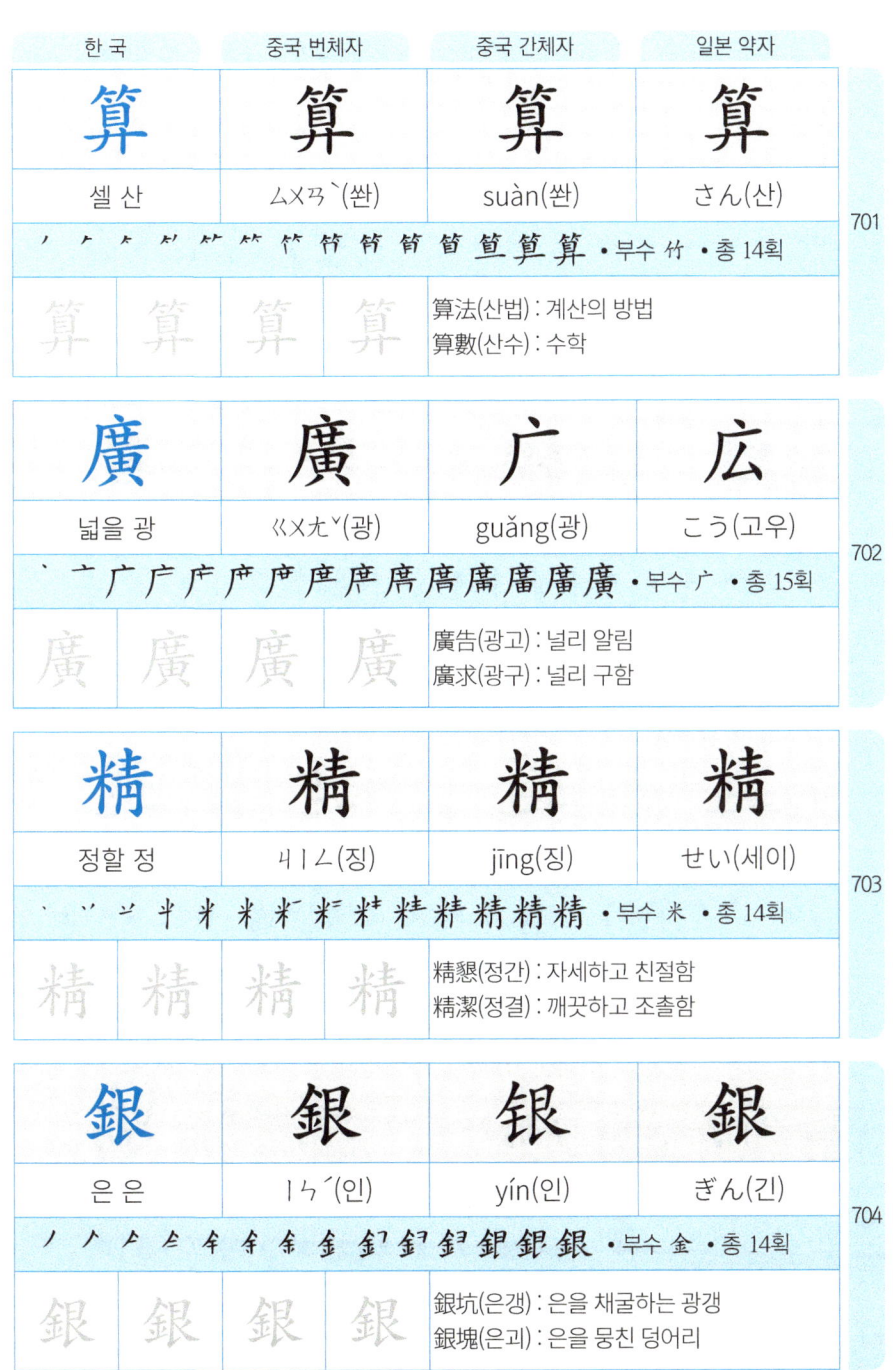

	한국	중국 번체자	중국 간체자	일본 약자
705	盡 다될 진	盡 ㄐㄧㄣˋ(진)	尽 jìn(진)	尽 じん(진)
	ㄱㄱㅋ聿聿肀肀肀肀肀肀盡盡盡 • 부수 皿 • 총 14획			
			盡力(진력) : 힘 닿는 데까지 다함 盡命(진명) : 목숨을 내던짐	
706	輕 가벼울 경	輕 ㄑㄧㄥ(칭)	轻 qīng(칭)	軽 けい(게이)
	一一一一一一一一一一一一一 • 부수 車 • 총 14획			
			輕減(경감) : 덜어 가볍게 함 輕擧(경거) : 경솔하게 일을 함	
707	適 갈 적	適 ㄕˋ(스)	适 shì(스)	適 てき(데끼)
	丶亠ㅗ产产产商商商商商商商適適 • 부수 辶 • 총 14획			
			適格(적격) : 격에 맞음 適口(적구) : 음식의 맛이 입에 맞음	
708	端 끝 단	端 ㄉㄨㄢ(돤)	端 duān(돤)	端 たん(단)
	丶亠ㅗ立立立立立端端端 • 부수 立 • 총 14획			
			端拱(단공) : 바르게 팔짱을 낌 端良(단량) : 마음이 바르고 훌륭함	

한국	중국 번체자	중국 간체자	일본 약자
聞	聞	闻	聞
들을 문	ㄨㄣˊ(원)	wén(원)	ぶん(문)

丨 冂 冂 冃 門 門 門 門 問 問 開 開 聞 聞 ・부수 耳 ・총 14획

聞見(문견) : 듣는 것과 보는 것
聞道(문도) : 도리를 들어서 앎

한국	중국 번체자	중국 간체자	일본 약자
語	語	语	語
말씀 어	ㄩˇ(위)	yǔ(위)	ご(고)

丶 亠 ㅗ 丰 言 言 訁 訂 訝 語 語 語 ・부수 言 ・총 14획

語句(어구) : 말과 구절(句節)
國語(국어) : 우리나라의 언어

한국	중국 번체자	중국 간체자	일본 약자
察	察	察	察
살필 찰	ㄔㄚˊ(차)	chá(차)	さつ(사츠)

丶 丷 宀 宀 灾 灾 宀 究 寃 寇 察 察 察 ・부수 宀 ・총 14획

察問(찰문) : 잘 살펴서 調査함
察察(찰찰) : 결백하고 깨끗한 모양

한국	중국 번체자	중국 간체자	일본 약자
練	練	练	練
익힐 련(연)	ㄌㄧㄢˋ(롄)	liàn(롄)	れん(렌)

乙 幺 幺 糸 糸 糹 絅 絅 絅 絅 絅 紳 練 練 ・부수 糸 ・총 14획

練究(연구) : 상세하게 연구함
練達(연달) : 단련하여 통달함

	한국	중국 번체자	중국 간체자	일본 약자
713	誤 그릇할 오	誤 ㄨˋ(우)	误 wù(우)	誤 ご(고)

丶 亠 ㇒ 言 言 言 言 訁 訝 誤 誤 誤 誤 • 부수 言 • 총 14획

誤讀(오독) : 잘못 읽음
誤錄(오록) : 잘못 기록함

	한국	중국 번체자	중국 간체자	일본 약자
714	歌 노래 가	歌 ㄍㄜ(거)	歌 gē(거)	歌 か(가)

一 ㄇ 可 可 可 哥 哥 哥 歌 歌 歌 • 부수 欠 • 총 14획

歌曲(가곡) : 재래 음악의 한 가지
歌舞(가무) : 노래와 춤

	한국	중국 번체자	중국 간체자	일본 약자
715	綠 푸른 록(녹)	綠 ㄌㄩˋ(뤼)	绿 lǜ(뤼)	綠 りょく(료쿠)

ㇱ 纟 幺 幺 糸 糸 紀 紀 紀 紀 綠 綠 綠 • 부수 糸 • 총 14획

綠茶(녹다) : 녹차
綠豆(녹두) : 녹두

	한국	중국 번체자	중국 간체자	일본 약자
716	榮 영화 영	榮 ㄖㄨㄥˊ(룽)	荣 róng(룽)	栄 えい(에이)

丶 丶 丷 ⺍ ⺍ 炏 炏 炏 ⺌ 芦 榮 榮 榮 • 부수 木 • 총 14획

榮光(영광) : 빛나는 영예
榮農(영농) : 농업을 영위(營爲)함

한국	중국 번체자	중국 간체자	일본 약자	
穀	穀	谷	穀	
곡식 곡	ㄍㄨˇ(구)	gǔ(구)	こく(고쿠)	717
一十土士吉吉壹壹壹享秉秉穀穀穀 • 부수 禾 • 총 14획				
穀	穀	穀	穀	穀價(곡가) : 곡식의 가격 穀犬(곡견) : 두꺼비의 이명(異名)

한국	중국 번체자	중국 간체자	일본 약자	
墨	墨	墨	墨	
먹 묵	ㄇㄛˋ(모)	mò(모)	ぼく(보쿠)	718
丶ㄇ曰四甲里里黑黑黑墨墨墨 • 부수 土 • 총 14획				
墨	墨	墨	墨	水墨(수묵) : 빛이 엷은 먹물 筆墨(필묵) : 붓과 먹

한국	중국 번체자	중국 간체자	일본 약자	
鳴	鳴	鸣	鳴	
울 명	(밍)	míng(밍)	めい(메이)	719
丶ㄇ口口口叩叩叩鳴鳴鳴鳴鳴 • 부수 鳥 • 총 14획				
鳴	鳴	鳴	鳴	鳴鼓(명고) : 북을 울림 鳴禽(명금) : 제비, 참새 따위의 날짐승

한국	중국 번체자	중국 간체자	일본 약자	
鼻	鼻	鼻	鼻	
코 비	ㄅㄧˊ(비)	bí(비)	び(비)	720
丶ㄅ白白白自自鼻鼻鼻鼻鼻 • 부수 鼻 • 총 14획				
鼻	鼻	鼻	鼻	鼻腔(비강) : 콧속. 콧구멍 鼻孔(비공) : 콧구멍

	한국	중국 번체자	중국 간체자	일본 약자
721	漁 고기 어	漁 ㄩˊ(위)	渔 yú(위)	漁 ぎょ(교)
	` ` ⺡ ⺡ 氵 汒 汢 汩 渔 渔 渔 漁 漁 漁 • 부수 氵 • 총 14획			
	漁民(어민) : 어업을 생업으로 하는 사람 漁場(어장) : 고기잡이를 하는 곳			
722	壽 목숨 수	壽 ㄕㄡˋ(수)	寿 shòu(수)	寿 じゅ(쥬)
	一 十 士 吉 吉 吉 壴 壺 壽 壽 壽 壽 壽 壽 • 부수 士 • 총 14획			
	壽命(수명) : 타고난 목숨 壽眉(수미) : 눈썹 가운데서 가장 긴 눈썹			
723	暮 저물 모	暮 ㄇㄨˋ(무)	暮 mù(무)	暮 ぼ(보)
	一 十 艹 艹 艹 艹 莒 莒 莫 莫 莫 慕 慕 暮 • 부수 日 • 총 15획			
	暮春(모춘) : 늦은 봄 暮夏(모하) : 저물어 가는 여			
724	論 말할 론(논)	論 ㄌㄨㄣˋ(론)	论 lùn(론)	論 ろん(론)
	` 亠 亠 言 言 言 訁 訃 診 論 論 論 論 論 論 • 부수 言 • 총 15획			
	論客(논객) : 의논을 잘하는 사람 論據(논거) : 논설의 근본이 되는 토대			

한국	중국 번체자	중국 간체자	일본 약자	
數	數	数	数	725
셀 수	ㄕㄨˋ(수)	shù(수)	すう(스우)	
㇐ ㄇ 冊 冊 昌 昌 囲 婁 婁 婁 數 數 數 • 부수 攵 • 총 15획				
數 數 數 數		數窮(수궁) : 운수가 흉함 數量(수량) : 개수와 분량		
線	線	线	線	726
줄 선	ㄒㄧㄢˋ(셴)	xiàn(셴)	せん(센)	
㇀ 幺 幺 幺 幺 糹 糸 紗 絈 絈 紳 綧 線 線 • 부수 糸 • 총 15획				
線 線 線 線		線路(선로) : 가늘고 긴 길 線縷(선루) : 실의 가닥		
質	質	质	質	727
바탕 질	ㄓˋ(즈)	zhì(즈)	しつ(시츠)	
㇀ ㇉ ㇏ ㇏ 斤 斦 斦 所 所 斦 斦 質 質 • 부수 貝 • 총 15획				
質 質 質 質		質古(질고) : 검소하고 아주 순박함 姿質(자질) : 타고난 성품이나 소질		
熱	熱	热	熱	728
더울 열	ㄖㄜˋ(러)	rè(러)	ねつ(네츠)	
㇐ 十 土 寺 圥 圥 坴 坴 刲 埶 埶 埶 熱 熱 熱 • 부수 灬 • 총 15획				
熱 熱 熱 熱		熱狂(열광) : 너무 열렬하여 날뜀 熱氣(열기) : 뜨거운 기운		

한국	중국 번체자	중국 간체자	일본 약자
增	增	增	増
더할 증	ㄗㄥ(쩡)	zēng(쩡)	ぞう(조우)

729 一 十 土 圵 圵 圸 圸 增 增 增 增 增 增 • 부수 土 • 총 15획

增加(증가) : 더 늘어 많아짐
增刊(증간) : 정기 이외에 간행하는 일

한국	중국 번체자	중국 간체자	일본 약자
調	調	调	調
고를 조	ㄉㄧㄠˋ(타오)	diào(타오)	ちょう(조우)

730 ` 亠 亠 言 言 言 訂 訊 訶 調 調 調 調 • 부수 言 • 총 15획

調飢(조기) : 아침에 일어났을 때의 시장기
調達(조달) : 자금이나 물자를 마련함

한국	중국 번체자	중국 간체자	일본 약자
請	請	请	請
청할 청	ㄑㄧㄥˇ(칭)	qǐng(칭)	せい(세이)

731 ` 亠 亠 言 言 言 訂 訪 詩 詩 請 請 請 • 부수 言 • 총 15획

請客(청객) : 초청되어 온 손님
請求(청구) : 달라고 요구함

한국	중국 번체자	중국 간체자	일본 약자
德	德	德	徳
큰 덕	ㄉㄜˊ(더)	dé(더)	とく(도쿠)

732 ノ ノ 彳 彳 彳 彳 衍 衏 德 德 德 德 • 부수 彳 • 총 15획

德國(덕국) : 독일(獨逸)의 한자 이름
德談(덕담) : 잘되기를 비는 말

한국	중국 번체자	중국 간체자	일본 약자
談	談	谈	談
말씀 담	ㄊㄢˊ(탄)	tán(탄)	だん(단)

733

`、ー亠亠言言言言訁訁訜訟談談談` • 부수 言 • 총 15획

談論(담론) : 담화(談話)와 강론(講論)
談笑(담소) : 이야기도 하고 웃기도 함

選	選	选	選
가릴 선	ㄒㄩㄢˇ(쉬안)	xuǎn(쉬안)	せん(센)

734

`、ㄣ ㄣ ㄣ ㄣ ㄣ ㄣ ㄣ ㄣ 畀 巽 巽 選 選 選` • 부수 辶

大選(대선) : 대통령을 뽑는 선거
選良(선량) : 훌륭한 인물을 골라 뽑음

價	價	价	価
값 가	ㄐㄧㄚˋ(자)	jià(자)	か(가)

735

`ノ 亻 亻 亻 价 伫 俨 僧 僧 價 價 價 價` • 부수 人 • 총 15획

價格(가격) : 값. 價値
價金(가금) : 팔고 사는 물건의 값

養	養	养	養
기를 양	ㄧㄤˇ(양)	yǎng(양)	よう(요우)

736

`、 ー 亠 亠 ㅗ 羊 羊 美 美 养 養 養 養 養` • 부수 食 • 총 15획

養犬(양견) : 집에서 기르는 개
養鷄(양계) : 닭을 기름

	한국	중국 번체자	중국 간체자	일본 약자
737	樂 즐길 락(풍류 악)	樂 ㄌㄜˋ(웨)	乐 yuè(웨)	楽 がく(가꾸)

′ ′ ŕ 竹 白 伯 纩 绐 缴 缴 樂 樂 樂 • 부수 木 • 총 15획

樂園(낙원) : 살기 좋은 즐거운 장소
樂曲(악곡) : 음악의 곡조

	한국	중국 번체자	중국 간체자	일본 약자
738	敵 원수 적	敵 ㄉㄧˊ(디)	敌 dí(디)	敵 てき(데끼)

′ ㅗ ㅗ ㅗ 产 齐 齐 商 商 商 商′ 啇攵 敵 敵 • 부수 攵 • 총 15획

敵愾(적개) : 적과 싸우려고 하는 의기
敵國(적국) : 전쟁 상대국

	한국	중국 번체자	중국 간체자	일본 약자
739	誰 누구 수	誰 ㄕㄨㄟˊ(세이)	谁 shéi(세이)	誰 すい(스이)

′ ㅗ ㅗ ㅗ 言 言 言 訁十 訓 訓 訓 訛 訛 誰 誰 • 부수 言 • 총 15획

誰某(수모) : 아무게
誰昔(수석) : 옛날

	한국	중국 번체자	중국 간체자	일본 약자
740	賣 팔 매	賣 ㄇㄞˋ(마이)	卖 mài(마이)	売 ばい(바이)

一 十 士 壴 壴 壴 壴 壱 声 賣 賣 賣 賣 賣 • 부수 言 • 총 15획

賣價(매가) : 파는 값
賣却(매각) : 팔아 버림

한국	중국 번체자	중국 간체자	일본 약자	
諸	諸	诸	諸	741
모든 제	ㅛㄨ(주)	zhū(주)	しょ(쇼)	
`丶 亠 亠 言 言 言 言 訃 詂 諸 諸 諸` • 부수 言 • 총 16획				
				諸家(제가) : 많은 집 諸客(제객) : 많은 손님
課	課	课	課	742
매길 과	ㄎㄜˋ(커)	kè(커)	か(가)	
`丶 亠 亠 言 言 言 訁 訂 訢 誤 誤 課 課` • 부수 言 • 총 15획				
				課稅(과세) : 세금을 매김 課試(과시) : 시험함. 시험
億	億	亿	億	743
억 억	|ˋ(이)	yì(이)	おく(오꾸)	
`丿 亻 亻 亻 伫 伫 俨 倍 倍 億 億 億` • 부수 人 • 총 15획				
				億代(억대) : 아주 오랜 세대 億兆(억조) : 백성을 일컬음
舞	舞	舞	舞	744
춤출 무	ㄨˇ(우)	wǔ(우)	ぶ(부)	
`丿 ㅗ 仁 仁 血 無 無 無 舞 舞` • 부수 舛 • 총 14획				
				舞歌(무가) : 춤과 노래. 춤추며 노래함 舞臺(무대) : 연극 등을 연출하는 곳

	한국	중국 번체자	중국 간체자	일본 약자
745	齒 이 치	齒 ㄔˇ(츠)	齿 chǐ(츠)	歯 し(시)

` 丨 ト ╞ 止 此 齿 齿 齿 齿 齿 齿 齿 齒 齒 齒` • 부수 齒

齒骨(치골) : 이틀을 이루고 있는 뼈
齒科(치과) : 이에 관한 의술

	한국	중국 번체자	중국 간체자	일본 약자
746	慶 경사 경	慶 ㄑㄧㄥˋ(칭)	庆 qìng(칭)	慶 けい(게이)

`丶 一 广 广 广 戶 庐 庐 庐 庐 庆 庆 庆 慶 慶` • 부수 心 • 총 15획

慶福(경복) : 경사스러움과 복됨
慶事(경사) : 경축할 만한 일

	한국	중국 번체자	중국 간체자	일본 약자
747	暴 사나울 폭	暴 ㄅㄠˋ(바오)	暴 bào(바오)	暴 ぼう(보우)

`丶 口 日 目 旦 旦 昂 昇 異 暴 暴 暴 暴` • 부수 日 • 총 15획

暴惡(포악) : 성질이 사납고 악함
暴騰(폭등) : 물가가 갑자기 뛰어오름

	한국	중국 번체자	중국 간체자	일본 약자
748	潔 깨끗할 결	潔 ㄐㄧㄝˊ(제)	洁 jié(제)	潔 けつ(게츠)

`丶 丶 氵 氵 氵 津 津 潔 潔 潔 潔 潔 潔` • 부수 氵 • 총 15획

潔己(결기) : 자기 몸을 깨끗이 함
潔白(결백) : 깨끗하고 흼

한국	중국 번체자	중국 간체자	일본 약자
遺	遺	遗	遺
끼칠 유	ㄧˊ(이)	yí(이)	い(이)

丶 丿 口 中 虫 虫 貴 貴 貴 貴 貴 遺 遺 遺 遺 · 부수 辶

遺憾(유감) : 마음에 남는 섭섭함
遺稿(유고) : 죽은 사람이 남긴 시문의 원고

賞	賞	赏	賞
상줄 상	ㄕㄤˇ(상)	shǎng(상)	しょう(쇼우)

丨 丷 丷 严 些 些 尚 尚 尚 常 賞 賞 賞 · 부수 貝 · 총 15획

賞金(상금) : 상으로 주는 돈
賞杯(상배) : 상으로 주는 컵

憂	憂	忧	憂
근심할 우	ㄧㄡ(유)	yōu(유)	ゆう(유우)

一 一 ㄏ 丆 百 百 亘 亘 惪 惪 憂 憂 憂 · 부수 心 · 총 15획

憂國(우국) : 나라 일을 걱정함
憂慮(우려) : 걱정함. 염려함

學	學	学	学
배울 학	ㄒㄩㄝˊ(쉐)	xué(쉐)	がく(가꾸)

丨 丨 ㆍ ㆍ 扩 抈 抈 铜 铜 與 與 學 學 學 · 부수 子

學科(학과) : 학과목의 약칭
學課(학과) : 학교의 수련 과정

	한국	중국 번체자	중국 간체자	일본 약자
753	頭 머리 두	頭 ㄊㄡˊ(터우)	头 tóu(터우)	頭 ず(쯔)
	一 ｒ ｒ ｒ ｒ ｒ ｒ ｒ ｒ ｒ ｒ 頭 頭 頭 頭 頭 • 부수 頁			
	頭 頭 頭 頭		頭角(두각) : 여럿 중에서 특히 뛰어남 頭蓋(두개) : 두뇌의 뚜껑이 된 부분	
754	戰 싸울 전	戰 ㄓㄢˋ(잔)	战 zhàn(잔)	戦 せん(센)
	｀ ｒ ｒ ｒ ｒ 門 門 冒 單 單 單 戰 戰 戰 • 부수 戈			
	戰 戰 戰 戰		戰車(전거) : 전쟁에 사용하는 수레 戰功(전공) : 전쟁에서 세운 공훈	
755	親 친할 친	親 ㄑㄧㄣ(친)	亲 qīn(친)	親 しん(신)
	｀ ｒ ｒ ｒ 立 ｒ 辛 亲 亲 新 新 新 新 親 親 • 부수 見			
	親 親 親 親		親見(친견) : 실지로 친히 봄 親故(친고) : 겨레붙이 및 오래 사귄 벗	
756	樹 나무 수	樹 ㄕㄨˋ(수)	树 shù(수)	樹 じゅ(쥬)
	一 十 ｒ 木 朴 朴 梣 梣 梻 梻 樹 樹 樹 • 부수 木			
	樹 樹 樹 樹		樹林(수림) : 나무가 우거진 숲 樹木(수목) : 살아 있는 나무	

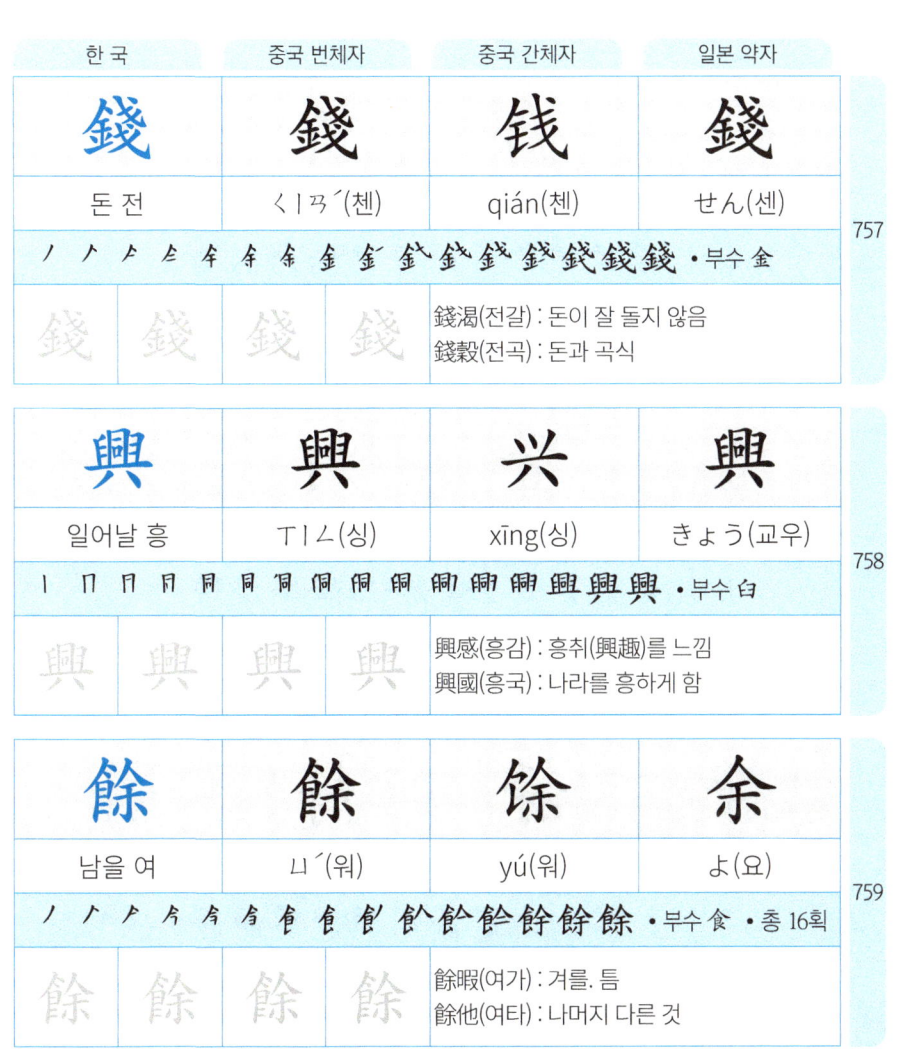

	한국	중국 번체자	중국 간체자	일본 약자
761	橋 다리 교	橋 ㄑㄧㄠˊ(차오)	桥 qiáo(차오)	橋 きょう(교우)

一 十 才 木 ボ ボ ボ 杯 桥 桥 桥 楠 楠 楠 橋 • 부수 木

橋脚(교각) : 다리의 상판을 받치는 기둥
橋梁(교량) : 다리

	한국	중국 번체자	중국 간체자	일본 약자
762	燈 등잔 등	燈 ㄉㄥ(덩)	灯 dēng(덩)	灯 とう(도우)

丶 丷 少 火 火 火 灯 灯 烨 烨 烃 燈 燈 燈 • 부수 火

燈蛾(등아) : 불나방
燈臺(등대) : 등잔대

	한국	중국 번체자	중국 간체자	일본 약자
763	靜 고요할 정	靜 ㄐㄧㄥˋ(징)	静 jìng(징)	静 せい(세이)

一 二 丰 丰 丰 青 青 青 青 靑 靜 靜 靜 靜 • 부수 靑

靜寂(정적) : 고요하여 괴괴함
平靜(평정) : 평안하고 고요함

	한국	중국 번체자	중국 간체자	일본 약자
764	憶 생각할 억	憶 ㄧˋ(이)	忆 yì(이)	憶 おく(오꾸)

丶 丶 忄 忄 忄 忄 忄 忄 忄 愔 愔 愔 憶 憶 憶 • 부수 忄

追憶(추억) : 지난 일을 돌이켜 생각함
回憶(회억) : 지나간 일을 돌이켜 생각함

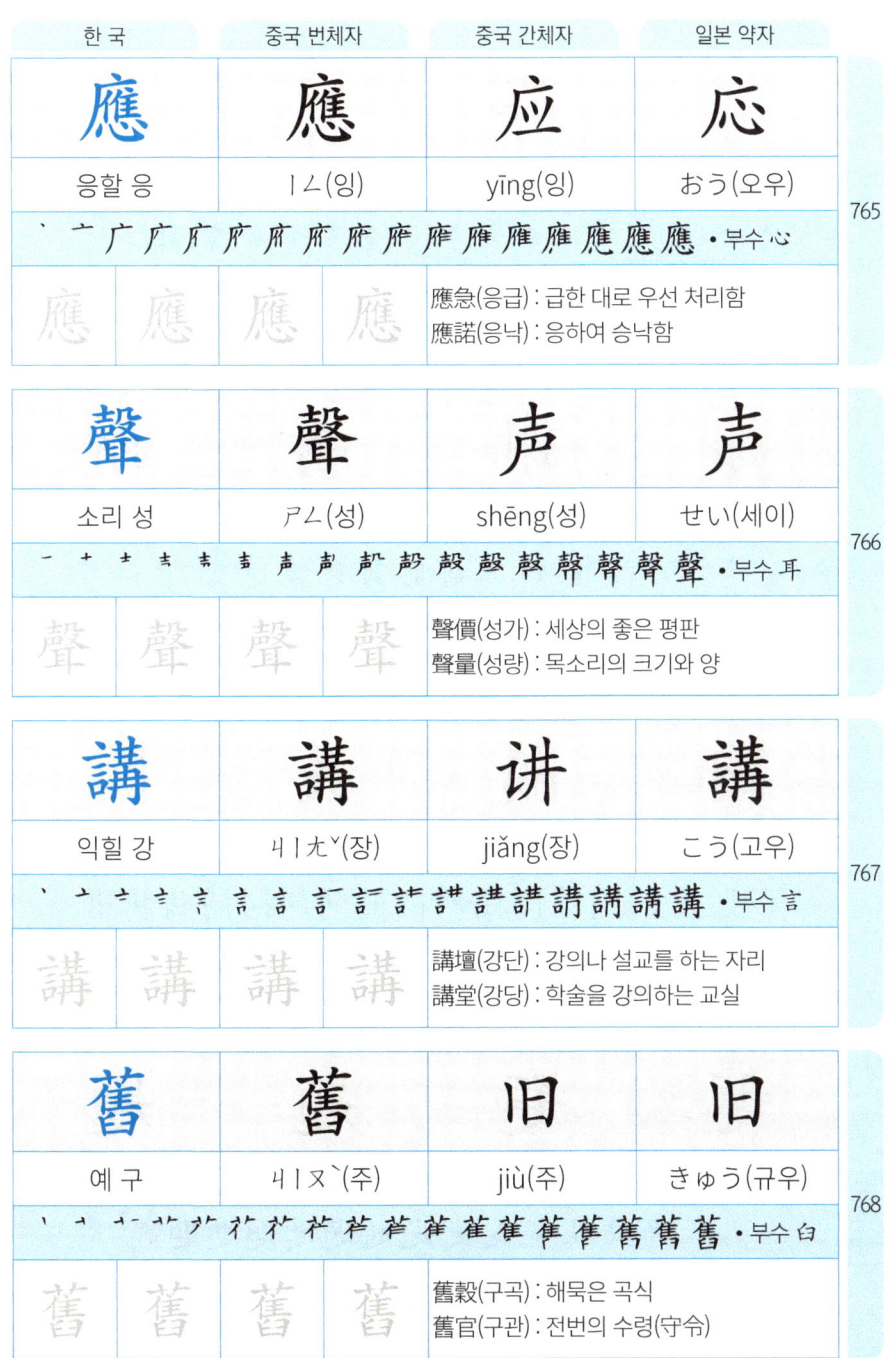

	한국	중국 번체자	중국 간체자	일본 약자
769	鮮 고울 선	鮮 ㄒㄧㄢ(셴)	鲜 xiān(셴)	鮮 せん(센)
	ノ ク 夕 各 各 角 魚 魚 魚 魚 魚 魚 魚ˊ 魚ˋ 鮮ˊ 鮮ˋ 鮮 鮮 • 부수 魚			
	鮮 鮮 鮮 鮮		鮮潔(선결) : 신선하고 깨끗함 鮮明(선명) : 산뜻하고 밝음	
770	謝 사례할 사	謝 ㄒㄧㄝˋ(세)	谢 xiè(세)	謝 しゃ(샤)
	ヽ 亠 言 言 言 言 言 訁 訁ˊ 訁ˋ 謝 謝 謝 謝 謝 謝 • 부수 言			
	謝 謝 謝 謝		謝過(사과) : 잘못에 대하여 용서를 빎 謝禮(사례) : 사의를 표하여 보내는 물품	
771	關 빗장 관	關 ㄍㄨㄢ(관)	关 guān(관)	関 かん(간)
	｜ ｜ ｜ ｜ ｜ 門 門 門 門 門 閞 関 関 闗 關 關 關			
	關 關 關 關		關鍵(관건) : 사물의 요긴한 부분 關係(관계) : 둘 이상이 서로 걸림	
772	題 제목 제	題 ㄊㄧˊ(티)	题 tí(티)	題 だい(다이)
	｜ 冂 日 旦 早 昱 是 是 是 題 題 題 題 題 題			
	題 題 題 題		題名(제명) : 글제나 책 이름 題目(제목) : 겉장에 쓴 책의 이름	

한 국	중국 번체자	중국 간체자	일본 약자	
難	難	难	難	773
어려울 난	ㄋㄢˊ(난)	nán(난)	なん(난)	

難堪(난감) : 견뎌내기가 어려움
難境(난경) : 어려운 경우

醫	醫	医	医	774
의원 의	ㄧ(이)	yī(이)	い(이)	

醫療(의료) : 의술로 병을 고치는 일
醫務(의무) : 의료에 관한 업무

藝	藝	艺	芸	775
재주 예	ㄧˋ(이)	yì(이)	げい(게이)	

藝技(예기) : 손재주
藝能(예능) : 어떤 기예에 뛰어난 재능

歸	歸	归	帰	776
돌아갈 귀	ㄍㄨㄟ(구이)	guī(구이)	き(기)	

歸嫁(귀가) : 시집감
歸家(귀가) : 집으로 돌아감

	한국	중국 번체자	중국 간체자	일본 약자
777	蟲 벌레 충	蟲 ㄔㄨㄥˊ(충)	虫 chóng(충)	虫 ちゅう(쥬우)
	丶 丨 口 中 虫 虫 虫 虫 虫 虫 虫 蚰 蛍 蟲 蟲 蟲			
			蟲類(충류) : 벌레의 종류 蟲聲(충성) : 벌레의 우는 소리	
778	藥 약 약	藥 丨ㄠˋ(야오)	药 yào(야오)	薬 やく(야꾸)
	丶 一 十 卄 艹 艹 艹 芍 芍 苢 荷 荷 藥 藥 藥 藥 藥 藥			
			藥匣(약갑) : 약을 넣는 갑 藥菓(약과) : 감당하기 어렵지 않은 일	
779	禮 예도 예(례)	禮 ㄌㄧˇ(리)	礼 lǐ(리)	礼 れい(레이)
	丶 ㄱ 衤 衤 衤 衤 衤 禮 禮 禮 禮 禮 禮 禮 禮			
			禮敎(예교) : 예의에 관한 가르침 禮待(예대) : 예로써 대접함	
780	豊 풍년 풍	豐 ㄈㄥ(펑)	丰 fēng(펑)	豊 ほう(호우)
	丶 冂 冃 曲 曲 曲 曹 豊 豊 豊 豊 • 부수 豆 • 총 18획			
			豊富(풍부) : 넉넉하고 많음 豊農(풍농) : 농사가 잘됨	

한국	중국 번체자	중국 간체자	일본 약자	
識	識	识	識	781
알 식	ㄕ·(스)	shí(스)	しき(시끼)	

`ヽ 亠 亠 言 言 言 言 言 計 計 評 評 評 譜 譜 識 識`

識見(식견) : 학식과 견문
識別(식별) : 분별하여 앎

證	證	证	証	782
증거 증	ㄓㄥˋ(정)	zhèng(정)	しょう(쇼우)	

`ヽ 亠 亠 言 言 言 言 言 計 計 評 諮 證 證 證 證`

證據物(증거물) : 증거가 될 만한 물건
證券(증권) : 주권(株券)이나 어음 따위

願	願	愿	願	783
원할 원	ㄩㄢˋ(위안)	yuàn(위안)	がん(간)	

`一 厂 厂 厂 厈 戸 盾 原 原 原 原 原 願 願 願 願 願`

願望(원망) : 원하고 바람
所願(소원) : 바라고 원함

勸	勸	劝	勧	784
권할 권	ㄑㄩㄢˋ(취안)	quàn(취안)	かん(간)	

`ヽ 亠 廾 廾 廾 苢 苢 茁 茁 莑 莑 荁 藿 藿 藋 勸 勸`

勸農(권농) : 농사를 권장함
勸勉(권면) : 권하여 힘쓰게 함

	한국	중국 번체자	중국 간체자	일본 약자
785	議 의논할 의	議 ㄧˋ(이)	议 yì(이)	議 ぎ(기)

丶 亠 computed 言 言 言 訁 訁' 詳 詳 詳 詳 詳 詳 議 議 議

議決(의결) : 회의를 열어 정함
議論(의론) : 서로 일을 꾀함

	한국	중국 번체자	중국 간체자	일본 약자
786	嚴 엄할 엄	嚴 ㄧㄢˊ(옌)	严 yán(옌)	厳 げん(겐)

丶 丨 吅 吅 严 严 严 严 严 严 严 嚴 嚴

嚴禁(엄금) : 엄하게 금지함
嚴冬(엄동) : 매우 추운 겨울

	한국	중국 번체자	중국 간체자	일본 약자
787	鐘 쇠북 종	鐘 ㄓㄨㄥ(중)	钟 zhōng(중)	鐘 しょう(쇼우)

丿 𠂉 乍 𠂉 牟 余 金 金 釒 釒 鈩 鈩 鐘 鐘 鐘 鐘 鐘

鐘閣(종각) : 큰 종을 달아놓은 집
鐘鼓(종고) : 종과 북

	한국	중국 번체자	중국 간체자	일본 약자
788	競 겨룰 경	競 ㄐㄧㄥˋ(징)	竞 jìng(징)	競 きょう(쿄우)

丶 亠 立 立 产 产 音 音 竟 竟 竟 竟 竟 竞 竞 竞 競 競

競技(경기) : 기술이 낫고 못함을 다툼
競起(경기) : 운동경기의 약칭

한 국	중국 번체자	중국 간체자	일본 약자	
權	權	权	権	789
권세 권	ㄑㄩㄢˊ(취안)	quán(취안)	けん(ゲン)	

一 十 十 木 木 木 朴 朴 朴 杧 朴 榨 榨 榨 權 權 權

				權度(권도) : 저울과 자 執權(집권) : 권력이나 정권을 잡음

鐵	鐵	铁	鉄	790
쇠 철	ㄊㄧㄝˇ(톄)	tiě(톄)	てつ(데츠)	

ノ 亻 ト 느 牟 牟 余 金 金 釒 針 鉎 鉎 銔 鋅 鐟 鐟 鐵 鐵 鐵

				鐵脚(철각) : 쇠같이 튼튼한 다리 鐵甲(철갑) : 쇠로 만든 갑옷

續	續	续	続	791
이을 속	ㄒㄩˋ(쉬)	xù(쉬)	ぞく(조꾸)	

ㄥ ㄠ ㄠ ㄠ 糸 糸 紅 紅 紣 紣 紣 綌 綌 緧 綪 續 續 續 續

				後續(후속) : 뒤를 이어 계속함 續斷(속단) : 이어졌다 끊어졌다 함.

歡	歡	欢	歓	792
기뻐할 환	ㄏㄨㄢ(환)	huān(환)	かん(간)	

一 十 廾 艹 萉 莅 苩 苩 莀 萉 萉 雚 雚 雚 雚 歡 歡 歡

				歡談(환담) : 즐겁게 서로 얘기함 歡待(환대) : 기쁘게 접대함

	한국	중국 번체자	중국 간체자	일본 약자
793	露 이슬 로(노)	露 ㄌㄨˋ(루)	露 lù(루)	露 ろ(로)

一 ㄷ 广 币 币 币 雨 雨 雨 雨 雫 雫 雫 雰 露 露 露 露

露面(노면) : 얼굴을 드러냄
露宿(노숙) : 옥외(屋外)에서 잠

	한국	중국 번체자	중국 간체자	일본 약자
794	聽 들을 청	聽 ㄊㄧㄥ(팅)	听 tīng(팅)	聴 ちょう(조우)

一 丅 丆 F 耳 耳 耳 耳 耳 耵 耵 聁 聴 聴 聴 聴 聴 聴 聽 聽 聽

聽覺(청각) : 소리를 듣는 감각
聽講(청강) : 강의를 들음

	한국	중국 번체자	중국 간체자	일본 약자
795	讀 읽을 독	讀 ㄉㄨˊ(두)	读 dú(두)	読 とく(도쿠)

丶 亠 亠 言 言 言 訁 訁 訁 訁 訁 訁 訁 訁 訁 讀 讀 讀 讀 讀 讀

讀了(독료) : 책을 읽어 마침
讀法(독법) : 글을 읽는 법

	한국	중국 번체자	중국 간체자	일본 약자
796	驚 놀랄 경	驚 ㄐㄧㄥ(징)	惊 jīng(징)	驚 きょう(교우)

一 艹 艹 芍 芍 苟 苟 敬 敬 敬 敬 警 警 驚 驚 驚 驚 驚

驚怯(경겁) : 놀라서 두려워함
驚起(경기) : 깜짝 놀라서 일어남

한국	중국 번체자	중국 간체자	일본 약자	
體	體	体	体	797
몸 체	ㄊㄧˇ(티)	tǐ(티)	たい(다이)	
一 ㄇ ㄇ ㄇ ㄇ 뮤 뮤 骨 骨 骨 骨 骨 骨 骨 骨 骨 體 體 體 體 體 體 體 體				
體 體 體 體	體腔(체강) : 동물의 몸 속의 빈 곳 體格(체격) : 몸의 생김새			
變	變	变	変	798
변할 변	ㄅㄧㄢˋ(볜)	biàn(볜)	へん(헨)	
丶 亠 亠 亠 亠 言 言 信 结 结 结 結 結 結 絡 絲 絲 絲 絲 絲 戀 戀 變 變 變				
變 變 變 變	變更(변경) : 바꾸어서 고침 變故(변고) : 이상한 사고			
觀	觀	观	観	799
볼 관	ㄍㄨㄢ(관)	guān(관)	かん(간)	
丶 亠 亠 ㅛ 苧 苧 苧 苧 苧 萅 萅 蓲 蓲 蕇 蕇 蕇 蕇 觀 觀 觀 觀 觀				
觀 觀 觀 觀	觀客(관객) : 구경꾼 觀念(관념) : 생각			
讓	讓	让	譲	800
사양할 양	ㄖㄤˋ(랑)	ràng(랑)	じょう(죠우)	
丶 亠 亠 亠 言 言 言 訁 訁 訁 訁 訁 訌 誯 誩 誩 誩 誩 譁 譁 讓 讓 讓 讓				
讓 讓 讓 讓	讓步(양보) : 사양하여 남에게 미루어 줌 讓受(양수) : 남에게서 넘겨 받음			

찾아보기

ㄱ

가	36, 39, 124, 152, 175, 194, 199
각	54, 73
간	105, 162
감	49, 170, 171, 184
갑	47
강	59, 133, 207
개	69, 120, 123
객	114
거	38, 48, 97
건	107
견	36, 66, 168
결	68, 163, 202
경	70, 92, 138, 174, 179, 192, 202, 212, 214
계	98, 108
고	44, 61, 72, 93, 95, 112, 124
곡	62, 195
곤	77
골	136
공	20, 28, 45, 56, 91
과	87, 109, 161, 201
관	88, 208, 215
광	56, 191
교	57, 128, 206
구	17, 21, 23, 46, 71, 148, 151, 207
국	140
군	77, 106
궁	24
권	100, 211, 213
귀	173, 209
균	75
극	165
근	71, 127, 177
금	29, 187
급	22, 115, 163
기	21, 22, 72, 98, 124, 125, 127, 145, 163, 164
길	63
김	90

ㄴ

난	35, 188, 209
남	76, 107
내	28
냉	76
년	51

찾아보기

ㄴ

념	94
노	53, 121, 165
농	182
능	124

ㄷ

다	51
단	166, 171, 192
달	166
담	199
답	169
당	153, 180
대	19, 40, 116, 189
덕	198
도	18, 83, 105, 137, 141, 161, 190
독	205, 214
동	47, 52, 88, 118, 141, 172
두	80, 204
득	141
등	161, 173, 206

ㄹ

락	168, 200
란	81
랑	137
래	83
량	159, 162
력	17
련	193
렬	59
령	45, 190
로	182, 214
록	194
론	196
류	122, 127
률	115
리	143
림	91
립	40

ㅁ

마	126
만	164, 185
말	48

찾아보기

망	24, 60, 78, 146
매	70, 97, 168, 200
맥	153
면	96, 104, 140
명	55, 85, 87, 195
모	31, 43, 196
목	32, 42
묘	79
무	94, 145, 162, 201
묵	195
문	30, 87, 142, 193
물	85
미	43, 58, 79, 97, 107
민	38
밀	150

벌	63
범	23
법	84
변	215
별	68
병	50, 72, 129
보	71, 109, 164
복	64, 92, 186
본	38
봉	101
부	30, 33, 77, 82, 139, 142, 149, 169
북	41
분	26
불	25, 79
비	28, 90, 112, 166, 177, 195
빈	155

ㅂ

반	29, 43, 172
발	161
방	26, 74, 88, 93, 152
배	100, 119
백	40, 54
번	177

ㅅ

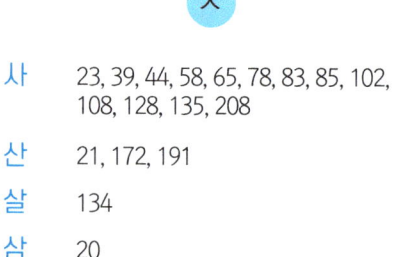

사	23, 39, 44, 58, 65, 78, 83, 85, 102, 108, 128, 135, 208
산	21, 172, 191
살	134
삼	20

찾아보기

상	19, 106, 144, 147, 178, 181, 186, 203
색	58
생	37
서	54, 78, 126, 179
석	25, 43, 103, 129, 158
선	49, 55, 149, 172, 197, 199, 208
설	65, 145, 157, 189
성	52, 87, 101, 110, 114, 115, 156, 188, 207
세	41, 118, 148, 176, 184, 185
소	20, 30, 84, 129, 130, 133
속	121, 130, 213
손	136
송	98, 113
수	27, 29, 57, 60, 81, 90, 112, 131, 159, 166, 188, 196, 197, 200, 204
숙	102, 159
순	138, 175
숭	160
습	147
승	96, 138, 167
시	42, 44, 94, 103, 115, 123, 150, 185, 187
식	58, 112, 173, 211
신	49, 68, 79, 81, 110, 111, 180
실	44, 117, 190
심	27, 111, 146
십	16, 121
씨	34

ㅇ

아	66, 86
악	173
안	56, 134, 146
암	187
앙	64
애	122, 183
야	95, 152
약	92, 111, 137, 210
양	62, 75, 85, 113, 169, 199, 215
어	149, 193, 196
억	201, 206
언	72
엄	212
업	180
여	21, 53, 132, 182, 205
역	123
연	128, 162, 185

219

찾아보기

열	135, 197	음	113, 156
엽	170	읍	103
영	47, 77, 93, 194	응	207
예	94, 209, 210	의	59, 96, 181, 209, 212
오	27, 33, 138, 194	이	17, 36, 62, 67, 91, 154
옥	46, 114	익	132
온	184	인	16, 32, 35, 53, 61, 80, 190
와	48	일	16, 26
완	67	입	18
왕	31, 91		
외	38		
요	104, 128	ㅈ	
욕	140, 157	자	19, 51, 57, 82, 86, 189
용	37, 120, 131	작	66, 118
우	17, 31, 34, 46, 65, 95, 174, 203	장	80, 84, 144, 151, 165
운	164, 170	재	22, 50, 56, 76, 132, 139
웅	176	쟁	88
원	31, 123, 125, 171, 184, 187, 211	저	73, 143, 179
월	27	적	81, 82, 192, 200
위	62, 67, 118, 174	전	45, 51, 101, 105, 125, 180, 183, 204, 205
유	39, 48, 50, 90, 122, 131, 157, 167, 203	절	183
육	29, 61, 89, 156	점	99
은	133, 191	접	144
을	16		

찾아보기

정	19, 34, 39, 84, 105, 136, 144, 151, 152, 158, 191, 206	찰	193
		참	147
제	75, 116, 129, 143, 160, 201, 208	창	153
조	59, 66, 73, 117, 127, 156, 170, 198	채	153
족	73, 148	책	49, 150
존	60, 176	처	99, 146
졸	103	척	33
종	98, 142, 151, 189, 212	천	22, 24, 25, 122, 158
좌	46	철	213
죄	186	청	178, 198, 214
주	37, 64, 67, 70, 93, 102, 133, 160	체	215
죽	63	초	75, 99, 113
중	25, 106	촌	24, 74
증	198, 211	최	163
지	32, 33, 50, 57, 70, 86, 109, 111, 134	추	119, 148
직	89	축	121
진	141, 192	춘	116
질	197	출	37
집	154, 167	충	60, 102, 210
		취	78, 89, 160
		치	89, 132, 202
		칙	110
ㅊ		친	204
차	42, 55, 69, 134	칠	18
착	142	침	135

221

찾아보기

ㅋ

쾌 69

ㅌ

타 36, 41
탈 154
탐 155
태 26, 139
택 65
토 23
통 125, 165
퇴 117
투 74
특 126

ㅍ

파 96, 130
판 76
팔 18
패 80, 155
편 32, 106

평 40
폐 157
포 42, 100
폭 202
표 86
품 109
풍 110, 210
피 45, 101
필 35, 41, 175

ㅎ

하 20, 71, 92, 136, 177
학 203
한 116, 120, 176, 178, 186
합 54
항 133
해 108, 130, 182
행 52, 99
향 53, 117
허 145, 158
혁 107
현 143
혈 61

찾아보기

협　95

형　47, 64, 68

혜　178

호　34, 52, 97, 100, 175, 183

혼　147, 155

홍　114

화　28, 30, 69, 83, 126, 150, 171, 181

환　159, 213

활　104

황　120, 149

회　55, 179

효　82, 131

후　104, 119

훈　135

휴　63

흉　35, 139

흑　168

흥　205

희　74, 167

한국 기억법의 창시자

한중일 공용한자 800자

정가 15,000원

2024년 1월 16일 인쇄
2024년 1월 22일 발행

판권

저　　자 : 손 주 남
발 행 인 : 이 원 구
발 행 처 : **남양문화**

08842　서울시 관악구 문성로210
　　　　전화 : 02-864-9152~3
　　　　FAX : 02-864-9156
　　　　등록 : 제 3-489호

※ 파본이나 낙장이 있는 책은 교환해 드립니다

이 책은 무단전재 또는 복사·복재 행위는 저작권법 제9조 5항에 의거 재촉되오니 사용을 금지합니다.